Café Philo

Café Philo

As grandes indagações da filosofia

uma edição especial do

LE NOUVEL OBSERVATEUR

Tradução:
PROCÓPIO ABREU

Revisão e Prefácio:
DANILO MARCONDES
Professor titular do
Deptº de Filosofia, PUC-Rio

Jorge Zahar Editor
Rio de Janeiro

Título original:
Les grandes questions de la Philo

Tradução autorizada da edição Hors-série Le Nouvel Observateur,
publicada em 1998 por Le Nouvel Observateur,
de Paris, França

rua México 31 sobreloja
20031-144 Rio de Janeiro, RJ
tel: (21) 2240-0226/fax: (21) 2262-5123
e-mail: jze@zahar.com.br
site: www.zahar.com.br

Capa: Carol Sá
Ilustração: Lula

CIP-Brasil. Catalogação-na-fonte
Sindicato Nacional dos Editores de Livros, RJ.

C132 Café Philo: as grandes indagações da filosofia/[editado por] Le Nouvel Observateur; tradução, Procópio Abreu; revisão, Danilo Marcondes. – Rio de Janeiro: Jorge Zahar Ed., 1999

Inclui apêndice e bibliografia
ISBN 85-7110-498-0

1. Filosofia. I. Le Nouvel Observateur.

CDD 100
99-0170 CDU 1

SUMÁRIO

PREFÁCIO

Para que serve a filosofia?

Danilo Marcondes

A pergunta sobre o que é a filosofia e para o que serve é inevitável sempre que nos defrontamos pela primeira vez com este pensamento que nos causa estranheza e fascínio. Na verdade, esta pergunta é tão antiga quanto o próprio surgimento da filosofia, mas claramente não possui uma resposta única. Se olharmos para os vinte e cinco séculos da tradição filosófica ocidental, vemos a filosofia definida de diferentes formas, algumas até conflitantes: a filosofia pode ser uma visão de mundo, uma forma de autoconhecimento, um método de questionamento, um sistema de saberes. Os pré-socráticos, Sócrates, os sofistas, Platão e Aristóteles conceberam a filosofia de maneiras distintas, reivindicando cada um para si a autêntica filosofia.

Sexto Empírico, filósofo cético dos séculos II-III, foi um dos pensadores que formulou essa questão de modo mais contundente. Diz ele que em toda investigação temos três resultados possíveis: acreditamos ter encontrado a resposta, acreditamos ser impossível encontrar a resposta, ou continuamos buscando. No primeiro caso, nos tornamos dogmáticos e a investigação cessa; no segundo caso, somos também dogmáticos, ainda que em um sentido negativo, e a investigação igualmente cessa; só no terceiro caso, segundo Sexto, temos a autêntica filosofia, aquela que continua a investigar, para a qual a busca é mais importante que a resposta. De certo modo, a filosofia moderna incorporou a posição cética, considerando que nenhuma teoria, nenhum sistema, nenhum tipo de saber podem pretender ser conclusivos, podem querer ter a palavra final sobre o que quer que seja. A contribuição da filosofia tem sido portanto, desde o seu nascimento na Grécia antiga, a interrogação, o questionamento, a pergunta. Para a filosofia, não há nada que não possa ser posto em questão. Deve ser possível discutir tudo. E é o caráter inconclusivo das respostas que nos convida a retomar as questões, a repensá-las, a procurar nossas próprias respostas, fatalmente também inconclusivas.

O presente livro parte de vinte das questões mais importantes da filosofia, tratadas por alguns dos pensadores mais conhecidos da atualidade como Gianni Vattimo, Edgar Morin, Jean Baudrillard, Dominique Lecourt, André Comte-Sponville. Seguindo-se a cada ensaio desses filósofos, temos uma seleção de alguns textos filosóficos clássicos, antigos e contemporâneos, de Platão a Popper, do Bhagavad Gita a Paul Ricœur, cuja contribuição é particularmente relevante para os problemas em discussão. Os ensaios combinam assim alguns temas permanentes da filosofia, como o Amor e a Morte, a Responsabilidade e a Certeza, o Estado e a Revolta, discutindo a um tempo as razões de sua permanência e sua relevância atual, mostrando como em filosofia o essencial é a discussão, já que a filosofia só se dá quando retomamos uma questão e a fazemos nossa — exatamente porque não há respostas definitivas. Como nos convida Sartre na conclusão da peça *Entre quatro paredes*: "Recomecemos."

FLORILÉGIO

A filosofia no espelho

❦ "A melhor filosofia, em relação ao mundo, é aliar, a seu respeito, o sarcasmo da alegria com a indulgência do desprezo."
(Nicolas de Chamfort, *Maximes et pensées, caractères e anecdotes*)

❦ "A filosofia não é comunicativa, tampouco contemplativa ou reflexiva: é criadora ou até revolucionária, por natureza, na medida em que não cessa de criar novos conceitos." (Gilles Deleuze, "Signes et événements", in *Magazine littéraire*)

❦ "Se desejamos seriamente aplicar-nos ao estudo da filosofia e à busca de todas as verdades que somos capazes de conhecer, nos libertaremos em primeiro lugar de nossos preconceitos, e mostraremos rejeitar todas as opiniões que outrora recebemos em nossa crença, até que as tenhamos mais uma vez examinado; a seguir reveremos as noções que estão em nós, e receberemos como verdadeiras somente aquelas que se apresentarem clara e distintamente a nosso entendimento."
(René Descartes, *Les principes de la philosophie*)

❦ "[A filosofia] convém a todos, sua prática é útil a todas as idades, a todos os sexos e a todas as condições: ela nos consola da felicidade do outro, [...] dos insucessos, do declínio de nossas forças ou de nossa beleza; ela nos arma contra a pobreza, a velhice, a doença e a morte, contra os tolos e os maus escarnecedores; ela nos faz viver sem uma mulher, ou nos faz suportar aquela com quem vivemos!"
(Jean de La Bruyère, *Caractères*)

❦ "A filosofia está para o estudo do mundo como o onanismo está para o amor sexual."
(Karl Marx e Friedrich Engels, *A ideologia alemã*)

❦ "A filosofia consiste em viver voluntariamente nas geleiras e nos cimos — em buscar tudo aquilo que na existência sai do comum e questiona, tudo o que, até então, foi banido pela moral." (Friedrich Nietzsche, *Ecce homo*)

❦ "Para ser filósofo, para amar a verdade mais que a si próprio, é preciso renegar o erro." (René Daumal, *La guerre sainte*)

❦ "Existem hoje professores de filosofia, mas não filósofos."
(Henry Thoreau, *Walden ou A vida nos bosques*)

❦ "Que lugar ocupará o filósofo na cidade? Será o de um escultor de homens." (Simplicius, *Comentários sobre o Manual de Epicteto*)

❦ "O mais sábio dos homens parecerá um símio diante de Deus, pela sabedoria, pela beleza, por tudo." (Heráclito, *Fragmentos*)

❦ "Foi com efeito o espanto que impeliu os primeiros pensadores às especulações filosóficas." (Aristóteles, *Metafísica*)

❦ "A moral não é um ramo da filosofia, mas a filosofia primeira." (Emmanuel Levinas, *Totalidade e infinito*)

❦ "A filosofia não é uma doutrina mas uma atividade." (Ludwig Wittgenstein, *Tractatus logico-philosophicus*)

❦ "São filósofos aqueles que são capazes de alcançar o que existe sempre de modo imutável." (Platão, *A República*)

❦ "Zombar da filosofia é realmente filosofar." (Blaise Pascal, *Pensamentos*)

❦ "A filosofia não é um certo saber, ela é a vigilância que não nos deixa esquecer a fonte de todo saber." (Maurice Merleau-Ponty, *Signes*)

❦ "Toda filosofia poderia reduzir-se à busca laboriosa daquilo mesmo que naturalmente sabemos." (Paul Valéry, *Mauvaises pensées et autres*)

DIÁLOGO

A estranheza do estrangeiro

PAUL RICŒUR E JEAN DANIEL

JD: Proponho começar definindo a estranheza do estrangeiro. O que a constitui? A esta questão, Alain, o filósofo, citando creio eu o célebre *Diário íntimo* de Amiel, respondia: "O que é estranho no estrangeiro é o fato de ele não ser eu." Bom começo. Se ele não é eu, quero ou que se torne, ou que desapareça. A nostalgia da unidade domina toda uma tradição platônica e monoteísta. Daí, aliás, para os cristãos, a dificuldade de impor a golpes de concílios a dupla natureza humana e divina em Jesus. A estranheza pode assim constituir uma fascinação ou uma aversão. Ela é prefiguração possível de um apelo a uma fusão mística; o outro tem o que falta para ser completo. A alma redonda e muitas outras metáforas desse gênero marcaram o percurso dessa filosofia. Mas a estranheza pode ser promessa de enriquecimento: acreditava-me completo sozinho; ora, descubro-me mais ainda eu próprio se recebo o outro. Se o absorvo. A estranheza deixa de ser estranha. Mas ainda é estrangeira. Pode transformar-se em conflito, aquele que os casais conhecem bem, quando as diferenças, após terem sido vividas como complementaridades, são sentidas como incompatibilidades.

PR: O estrangeiro é uma espécie de lugar vazio. Sabemos a que pertencemos, mas não sabemos quem são os outros em suas terras. Só por uma espécie de reação é que nos sentimos nós mesmos estrangeiros, conforme o modelo da estranheza do estrangeiro. A consciência disso nos põe num caminho de reconhecimento mútuo, na via da hospitalidade em suas dimensões morais e políticas, e permite assim tratar positivamente a pluralidade humana como algo insuperável. Podemos então perguntar, junto com o senhor, qual seria o lugar de uma espécie de mística tal como o senhor a introduziu. E, coisa curiosa, sou eu o mais reticente a este respeito. Serei tanto sensível teologicamente à idéia de uma paternidade fundadora de nossa filiação e de nossa fraternidade, e ao tema escatológico

A Bíblia faz do Estrangeiro um de seus temas-chave. Ela prescreve que se acolha este desconhecido em memória dos tempos do exílio em que o "povo eleito" se beneficiava da hospitalidade do Outro. Paul Ricœur e Jean Daniel destacaram de que modo o estrangeiro tanto era tema de fascinação como de rejeição.

de uma reconciliação final, quanto no plano moral e político considero as relações humanas como profundamente conflituosas. Diria mesmo que foi esse o mal das religiões ao terem buscado o equivalente político daquilo que o senhor chama nostalgia da unidade, apelo à fusão mística.

JD: As religiões tendem a suprimir um certo grau de estranheza, já que reúnem sob uma mesma fé ou sob um mesmo absoluto uma pluralidade de diferenças que poderiam ser, sem essa fé, incompatibilidades. Ao mesmo tempo, o preço a ser pago pelo aprofundamento dessa relação, isto é, ir além desse princípio de clausura que é o pertencer a uma confissão a fim de encontrar o mesmo caminho que o outro faz rumo à sua própria profundeza, é muito elevado. As religiões vividas de modo quer setorial, quer estatal, quer civil reforçaram consideravelmente as diferenças, as fronteiras, logo a recusa, a rejeição. Quando o culto do absoluto sob qualquer forma penetra na cidade, traz consigo uma forma de racismo, de rejeição, de exclusão.

PR: Resumindo, é aí que reside a fonte da violência religiosa: uma confissão de fé, extravasada pelo alto por seu próprio objeto. Ela vai então tentar compensar pela redução lateral das fronteiras este extravasamento pelo alto, e contendo-o nos dois sentidos da palavra "conter". *Continente* no sentido de ser um receptáculo — a escolástica dizia que recebemos Deus na medida de nossa capacidade — mas é preciso aplicar isso às religiões: uma capacidade finita de conter o que as excede. E *continente* no sentido de compensação pela limitação lateral das paredes. É esta espécie de precaução de clausura que introduz a guerra no religioso, assim como a possibilidade de um desvio pelo político.

JD: O que é o contrário da mística, o único verdadeiro caminho do amor. O amor de Deus, ou o amor do amor, como o nomeia santo Agostinho.

PR: Eu diria um pouco como Simone Weil: para isso existem duas fontes, uma grega, outra hebraica. Leitor dos trágicos gregos e dos profetas de Israel, não vejo por que eu escolheria.

JD: Existem as duas em *O cântico dos cânticos.* No entanto, a noção de estrangeiro é diferente em cada uma dessas duas fontes. Desde o início, Heródoto distingue duas espécies de humanos: gregos e bárbaros. Poder-se-ia talvez dizer que os judeus recusaram essa distinção. Mas o princípio de eleição funcionou sob modelo de fechamento. Sou obcecado por isso. Sou espinosista quanto à eleição. Mas o ponto de ruptura é o fim do exílio, é Ciro. Atualmente, muitos exegetas insistem no exílio babilônico e no período persa.

PR: "Ciro meu enviado", na segunda parte do Livro de Isaías (Is., 45-48). Aquele que libera é pagão. Isaías foi um grande educador da consciência hebraica. Permitiu uma espécie de abertura universalista. Certos exegetas da Bíblia hebraica insistem na idéia de que o cativeiro na Babilônia permitiu-lhes projetar um mito fundador mais antigo que o exílio da Babilônia: "Já que fostes estrangeiros no Egito, então amai-vos uns aos outros" é uma frase do Levítico. O princípio da hospitalidade está fundado na condição de ter sido estrangeiro.

JD: Hannah Arendt confidencia esta coisa notável: "Quando eu só sabia uma única língua, a minha, o alemão, tive a impressão de um universo onde tudo o que pudesse ser diferente era um estorvo em meu pensamento. E quando conheci as línguas latinas, tive a impressão de uma transformação incrível, alterei minha visão do mundo, não chamei mais as coisas por seu próprio nome." No fundo, esse enriquecimento lingüístico é o do estrangeiro.

PR: Esse acolhimento das outras línguas é uma proeza cultural reservada a alguns indivíduos. Ao mesmo tempo, eles se marginalizam em relação à cultura partilhada que implica, haja vista a fragilidade individual e coletiva dos humanos, um grau muito forte de homogeneidade. Um povo não pode ser poliglota. A maioria dentre nós, mesmo falando corretamente uma ou duas línguas, possui uma, que chamamos materna. O que significa que as outras línguas são línguas estrangeiras. O homem só existe na pluralidade das culturas, das línguas, das religiões... O caso da linguagem é absolutamente exemplar. Que o homem fale, isso é universal, mas a linguagem não existe em nenhum lugar em *uma* língua. Existem *línguas* que são fruto de uma espécie de fragmentação originária. É através dessa descoberta que, talvez pela primeira vez, se coloca a questão do estrangeiro: minha língua é uma língua entre as outras.

"Acho que é preciso começar por descobrir nossa própria estranheza. Eu estava pensando na proposição do Levítico: 'Fostes estrangeiros no Egito...' Se não tivermos sido estrangeiros alhures temos de descobrir nosso Egito. Nossa 'estrangeiridade' simbólica." (Paul Ricœur)

JD: Supondo que a exclusão e a afirmação pessoal das raízes façam parte do homem. Afinal, assim que nos afirmamos, tudo é estrangeiro. E mesmo tudo é agressivo. Assim que o "eu" é definido pelo "não-eu"; tudo o que é não-eu torna-se agressivo.

PR: Sim. De início, acreditamos saber quem somos, ou mais exatamente acreditamos saber a que pertencemos, ali onde estamos instalados: a uma classe, a uma família, a uma nação etc. O estrangeiro é um desconhecido. Ao procurarmos num dicionário a palavra "estrangeiro", encontramos: aquele que não é de nosso lugar, que é de outra nação, que é de outro país; é, pois, um lugar vazio. É por isso que acho que devemos começar por descobrir nossa própria estranheza nos "desinstalando" de algum modo. Eu estava pensando um pouco na proposição do Levítico: "Fostes estrangeiros no Egito..." Se não tivermos sido estrangeiros alhures, temos de descobrir nosso Egito. Nossa "estrangeireza" simbólica. Ser estrangeiro simbolicamente. E, aí, concordo com o senhor: tudo começa pela comparação. É aí talvez que a passagem pela curiosidade — e logo pela desestabilização, pela comparação com os outros — obriga a fazer um itinerário longo sobre si próprio (se eu não tivesse nascido aqui, e se eu etc.), logo a fantasiar sua própria identidade a ponto de ela se tornar inquietante. Inquietante estranheza. Mas será que podemos superar inteiramente essa ferida da identidade, num projeto de identidade fusional? Eu seria muito prudente. A pluralidade humana é um fato insuperável. Além do fato do Estado-nação, existem línguas, culturas.

JD: Entretanto, não poderíamos dizer, do estrito ponto de vista de nossa vida cotidiana, que a oposição ocorre no interior de um universo onde a estranheza é vivida como uma ameaça? Estamos assistindo à multiplicação dos conflitos civis sobre o idêntico, não sobre uma diferença. As pessoas descobrem diferenças misteriosas, desconhecidas para os outros, no interior de um universo da mesma etnia, da mesma língua, às vezes da mesma crença. Nestes casos, o que faz com que o próximo pareça mais estrangeiro que o estrangeiro?

PR: Com efeito, este é um fato bastante enigmático: na vida política contemporânea, quanto menores as comunidades, mais suas minorias são ameaçadoras. Seja na Irlanda, na Bósnia..., é bem surpreendente: as minorias dentro das minorias são temíveis.

JD: Sou muito sensível ao mistério das pessoas que parecem semelhantes e que declaram, umas sobre as outras, adivinhar-se, adivinhar sua oposição, sua radicalidade em diferenças das mais ínfimas. No Québec, por exemplo, francófonos e anglófonos identificam-se comunitariamente dizendo dos outros: "Eu os respiro, pressinto, entrevejo." O mistério é o que isso se torna quando eles não são "eu"... O que existe na realização do eu, nessa dilatação do eu, nessa afirmação que faz com que a menor diferença, imperceptível ao verdadeiro estrangeiro, se torne a estranheza?

PR: Produz-se uma supervalorização das diferenças sutis. Quanto mais nos aproximamos do microscópico, mais elas se tornam simbolicamente carregadas. É muito perturbador. Provavelmente porque o que diminui com a minoria das minorias é a amplitude asseguradora do pertencer. Então, com o encolhimento do grupo a que pertencemos, aproximamo-nos do ponto limite em que as pessoas são insubstituíveis, e então a diferença sutil torna-se a diferença quase absoluta: "Sou eu, não sou você." Beiramos de certo modo o insubstituível. O impermutável.

JD: Isso não é tão sensível para o indivíduo quanto para o grupo. Aqueles que sentem isso não são pessoas que se assumem como indivíduos. São pessoas que dizem: "Ele não faz parte de nosso grupo." Quanto mais minoritário é o grupo, mais ele se sente estrangeiro, mais ele se afirma.

PR: Volto ao exemplo das línguas. O problema não é criar um esperanto. É ser poliglota, isto é, praticar, habitar várias casas de linguagem. Tem-se aí um modelo de hospitalidade: a hospitalidade linguageira. Receber a língua estrangeira em casa, e habitar a língua do outro. Politicamente, é muito importante, isso implica o direito de ser recebido em qualquer país não como inimigo, mas como amigo, porque justamente a hospitalidade não anula a diferença. É a mudança de domicílio que não é a abolição da diferença.

JD: Seguindo o que diz, se quisermos tentar superar o caminho do que complica a relação com o estrangeiro, o senhor é daqueles que se aproximariam de disciplinas que fazem com que a moral desempenhe um papel essencial, um papel de ponto de partida, como Levinas.

PR: Sinto-me muito próximo dele. Subsiste entre nós uma diferença de acento: ele parte sempre do outro, é sempre o outro que me provoca, é responsável etc. Sou mais sensível à idéia — talvez hegeliana de origem — da reciprocidade, do reconhecimento do outro. Ou seja, caso eu não constitua originalmente um foco de auto-afirmação, não pode haver solo de acolhimento, em razão mesmo do que Levinas chama o "apelo à responsabilidade".

JD: É de qualquer forma uma grande diferença. Parece-me que Levinas tende a essencializar, se não a ontologizar o Outro. Mas para retomar o desígnio secreto da troca, de saber qual o futuro de uma relação com o Outro, o senhor admitiria, como Lévi-Strauss, que existe uma utopia perigosa em não prejulgar e apreciar o que nos traz o outro antes de aceitá-lo? Durante uma conversa que tivemos, ele sustentou esta idéia de que as microculturas, às quais havia dedicado toda sua vida, podiam ser atingidas por culturas de natureza mais agressiva do ponto de vista de suas potencialidades.

PR: O que o perturbava é que aquilo que as destrói é justamente o olho do observador que as descobre. Em suma, descobri-las é começar a destruí-las. Penso que isso talvez seja o paradoxo do antropólogo nele, e mesmo a fonte do pessimismo de todo antropólogo.

JD: O pessimismo de Lévi-Strauss levou-o a propor a idéia de uma proteção. Este termo "proteção", que ele recentemente corrigiu por "preferência", é muito difícil no pensamento da abertura. O antropólogo nele etnologizava as culturas, punha-as em igualdade, achava que tinham um direito igual de sobreviver, e, logo, que era preciso protegê-las todas. E que, desse ponto de vista, havia um racismo de proteção que nada tinha a ver com o racismo de dominação. Na conversa, ele chegava a dizer que na França havíamos nos beneficiado das ondas de imigração rica, e que nesse momento a outra nos empobrece. Aceitar a imigração pode, por conseguinte, ser um enriquecimento moral, porém mais econômico. Essa coisa, muito delicada para ser exprimida, não é politicamente correta, como diriam nos Estados Unidos, mas é o fundo do pensamento de muitos.

PR: Isso nos leva às relações de dominação. É preciso introduzir nas relações humanas esse elemento hierarquizante, essa relação vertical entre o que está em cima e o que está em baixo. Ao passo que a relação com o outro que evocamos é horizontal. O princípio de hospitalidade é homogeneizante. A dominação é hierarquizante. Ora, não conhecemos modo de funcionamento da humanidade que tenha eliminado as relações de dominação. Há aqueles que mandam e aqueles que obedecem. Nós arrastamos os grilhões da autoridade: uma autoridade sai de uma autoridade anterior, mas não conseguimos fazê-la sair do mero querer viver em conjunto, que seria homogeneizador e conduziria, se estivesse só, à utopia da igualdade absoluta de todas as culturas. Hoje, as relações de dominação política, que podiam ser traduzidas pela guerra, deslocam-se rumo à polemização das relações econômicas e culturais. As relações de dominação tornam-se mais sorrateiras, mais dissimuladas, mais pregnantes.

"Estamos assistindo à multiplicação dos conflitos civis sobre o idêntico, não sobre uma diferença. As pessoas descobrem diferenças misteriosas no interior de um universo da mesma etnia, da mesma língua, às vezes da mesma crença. O que faz com que o próximo pareça mais estrangeiro que o estrangeiro?" (Jean Daniel)

JD: E nesse caso, a idéia de proteção não lhe parece antinômica à da existência pelo outro, do acolhimento ao outro?

PR: Dou muita atenção às situações que pedem algo como uma proteção. Em nossas sociedades, existem hoje faixas marginais da população que devem ser protegidas contra si próprias muito mais do que contra as outras. Isso implica a obrigação de introduzir um direito de tutela intermediária entre a responsabilização absoluta e a penalização ou a medicalização. Cabe proteger por exemplo jovens toxicômanos ou delinqüentes para os re-responsabilizar. Lévi-Strauss encontrou esse problema com os povos em via de extinção. Temos um paralelo interessante no problema colocado pela proteção da natureza. Trata-se, em todos os casos, de uma espécie de revide a um processo de dominação que conduziria à aniquilação. É uma limitação dos efeitos perversos da dominação — sejam eles domésticos, comunitários, políticos — no interior de um grupo nacional, étnico.

JD: Podemos evocar o paradoxo há pouco assinalado: é a mesma cultura que produz a etnologia, a antropologia, e que destrói seu objeto no momento em que o descobre. Podemos pensar também que é uma extrapolação de um movimento que o senhor conheceu bem — quando se distinguia o indivíduo da pessoa, e que se queria tutelar o indivíduo para responsabilizá-lo até que chegasse a um status de pessoa. É um pouco a tentativa de Mounier. Certos textos dele fizeram-me pensar que o personalismo era não só o olhar sobre o indivíduo mas sua promoção, como se diria agora, "cidadã".

PR: Para mim, se fiquei um pouco insatisfeito com Mounier, não é tanto sobre esse ponto. É sobre o sentido que ele deu à oposição entre comunidade e sociedade, a comunidade sendo uma espécie de "eu" no plural. Ora, o fenômeno societário não é uma mera promoção no plural da pessoa. Porque entramos aqui em relações contratuais e de troca, que não se deixam inscrever na oposição entre a comunidade — que seria uma pessoa de pessoas — e a sociedade — que não passaria de um sistema de procedimentos.

JD: Hoje, uma das dificuldades de reflexão prática ou política sobre o estrangeiro vem do fato de que um certo número de intelectuais chegam a negar aquilo que movimentos como os de extrema direita utilizam de pulsões primárias. Quando a Frente Nacional, Le Pen, seus amigos, falam das raízes do indivíduo, de suas raízes nacionais, do grupo, da preferência nacional, somos contra porque pensamos no famoso texto de Montesquieu, sobre "Se eu soubesse que alguém e algo etc.". Mas a idéia em si é forte. E ao não levá-la a sério, ao condená-la sem apreciá-la, sem mergulhar em suas raízes, somos levados ou ao fracasso, ou à esquizofrenia. Existem graus de estranheza no estrangeiro. Esses graus são percorridos pela distância em relação ao grupo, à família, à tribo, à nação, ao continente.

PR: Essa ideologia fecha-se na sensação de pertencimento; foi dali que parti — "ser membro de": sem estranheza. É isso a ideologia securitária, eliminar totalmente a estranheza — a estrangeiridade — da própria sensação de pertencimento. O que pode parecer legítimo porque, historicamente, o desenvolvimento político estancou no estágio do Estado-nação. O conjunto do mundo é obrigado a alinhar-se nesse estágio como o faz a instituição internacional da ONU. É a ratificação do fechamento cultural pelo princípio de soberania. Perguntamo-nos, então, que dose de estranheza é suportável. Deparamo-nos aí com algo que nenhuma sociologia realmente abordou e que se resume por vezes a porcentagens: 12% de estrangeiros é demais?

JD: A palavra "limite" lhe é insuportável?

PR: Não, mas percebo que quanto mais se é culto e mais se esteve misturado a culturas estrangeiras, menos se é sensível a isso. Entendo também que boa parte de nossos concidadãos, que se sentem eles próprios ameaçados em sua vida cotidiana, em sua moradia, no trabalho, têm uma taxa de tolerância baixa. É preciso admiti-lo. Lembro-me que, durante a eleição em Toulon, o candidato socialista me telefonou e disse: "Vivo junto de pessoas que voltam à questão da exclusão contra si mesmas. Querem expulsar os estrangeiros, pois sentem-se elas mesmas excluídas da discussão pública, são elas que se sentem marginalizadas." Então, é preciso admiti-lo, temos entre nossos concidadãos pessoas que pensam que foram marginalizadas. É muito importante simplesmente reconhecer isso, para analisá-lo, a fim de compreender esse fenômeno que revela uma grande fragilidade individual e coletiva.

JD: Eles não se sentem estrangeiros, mas acabam por se excluir do debate que decide o que é estrangeiro ou não. É isso que é importante em seu pensamento e que aprovo totalmente. Eles estão excluídos do lugar — privilegiado, no entanto — de sua própria nação, que vai decidir o que pertence a essa nação ou não. E que é a pedra angular de toda iniciativa comunitária. Na rejeição, que por preguiça chamamos "racismo", existe um tal mistério de irracionalidade que não podemos entrar no estudo das condições de sua emergência. É preciso tratá-lo como uma doença e não como um pecado. Em vez de condená-lo como um crime, entramos na terapêutica a fim de tratar o doente. É um grande debate.

PR: Quanto a isso, permaneço prudente dizendo que a xenofobia oscila entre a fragilidade constitucional e a patologia que devemos poder curar. Creio que a benevolência para com nossos concidadãos reside em considerá-los não como doentes, mas como tendo o juízo falseado, logo tendo opiniões falsas. É um problema de verdade sobre a natureza do pertencer a um grupo social. É preciso começar dizendo que a xenofobia é natural e espontânea. É preciso confessá-lo, e a questão é saber o que fazemos com ela, não negá-la.

JD: É no momento de concluir que delimitamos a observação mais importante, isto é, o caráter natural e espontâneo da xenofobia. Cheguei a escrever que o racismo era uma categoria do espírito. Em condições particulares, sociais ou outras, quando não podemos culpar nem Deus nem as instituições pelo mal que sofremos, a estranheza do estrangeiro torna-se insuportável, sendo valorizada com o procedimento do bode expiatório. Um único ser, um único grupo, uma única raça são estranhos e bastaria suprimi-los para que a estranheza desaparecesse com o mal. Trata-se de uma tentação ainda maior na medida em que a "expiatorização" do estrangeiro permite recuperar uma identidade coletiva, a qual, como a identidade pessoal, é algo incrivelmente frágil. Processo fascinante na medida em que triunfa sobre uma outra categoria do espírito que é a interdição de matar ou até de banir, se não o dever de amar. Como chegamos a matar este outro sem o qual nada somos? A que momento o ato do assassinato triunfa sobre a censura da interdição de matar? Para mim, é um dos problemas mais urgentes e mais concretos da filosofia.

PR: É este abrandamento da censura do assassinato que me parece perturbador. Ele abre caminho para uma verdadeira cultura da morte que se poderia resumir assim: "Prefiro perder com meu adversário do que ganhar com ele."

Compilado por Max Armanet

GLOSSÁRIO

Tudo o que você sempre quis saber sobre a filosofia

Apodítico: em filosofia da lógica, o que tem evidência de direito e não apenas de fato; que é necessário. Opõe-se a "assertórico" e a "problemático" no quadro kantiano das categorias.

Aporia: dificuldade impossível de ser superada, impasse.

Ataraxia: tranqüilidade da alma que resulta de uma sabedoria atingida pela moderação.

***Causa sui*:** causa de si.

Ceticismo: doutrina segundo a qual o espírito humano não pode atingir com certeza nenhuma verdade e deve, por conseguinte, suspender o juízo.

Cinismo: do grego *kynikos*, "que parece o cão". Esta escola coloca a felicidade na virtude e despreza todas as convenções, inclusive a moral.

Contingente: característica daquilo que é pensado como podendo não ser, ou podendo ser de outra maneira.

***Dasein*:** o *ser-aí*, o existente. Segundo Heidegger, o *Dasein* não é um existente entre outros, é o único ente a existir no sentido próprio. Designa o homem.

Democracia: o governo pelo e para o povo.

Despotismo: regime político em que "um só, sem lei e sem regra, decide tudo por sua vontade e seus caprichos" (Montesquieu).

Determinismo: princípio segundo o qual todos os fenômenos estão ligados uns aos outros, por relações necessárias ou leis.

Diferença ontológica: designa a diferença entre o ente e o que *faz ser* o ente.

Dogmatismo: crença na onipotência da razão.

Empirismo: doutrina segundo a qual a fonte de todo conhecimento está na experiência sensível.

Eudemonismo: nome dado às filosofias da Antigüidade que identificam vida moral e vida feliz.

Epicurismo: corrente fundada por Epicuro segundo a qual, para ser feliz, basta não temer nem os deuses nem a morte, e buscar os prazeres simples da vida.

Epistemologia (1906): estudo crítico das ciências, a fim de determinar sua origem lógica, seu valor, seu alcance; por extensão, teoria do conhecimento e de sua validade.

Escatologia: estudo dos fins últimos da humanidade e do universo. No Evangelho segundo Mateus (XXIV-XXV), o discurso escatológico do Cristo anuncia o fim do mundo e o juízo final.

Essência: aquilo sem o que uma coisa não pode nem ser nem ser concebida.

Ente: segundo Heidegger, este termo contém duas significações, uma remetendo à outra. 1) ente = aquele que é (agente, aquele que age). 2) ente = o que está sendo (agente, o que está agindo).

Escolástica: na Idade Média, filosofia e teologia ensinadas pela universidade; no século XVIII, assume o sentido de filosofia que apresenta características formalistas, abstratas.

Estado: No *Contrato social*, Rousseau exprime perfeitamente o sentido do termo: "Esta pessoa pública, formada pela união de todas as outras, tomava antigamente o nome de Cidade, e toma agora o de República ou de Corpo político, o qual é chamado *Estado* quando é passivo, *soberano* quando é ativo, *potência* ao ser comparado a seus semelhantes."

Estoicismo: doutrina segundo a qual a felicidade consiste "em vencer a si mesmo e não ao destino e em mudar seus desejos e não a ordem do mundo" (Descartes).

Estruturalismo: teoria segundo a qual o estudo de uma categoria de fatos deve visar antes de tudo as estruturas. Em lingüística, teoria descritiva da língua enquanto sistema no qual os elementos mantêm relações mútuas. Vista como rival do existencialismo, esta corrente de idéias teve seu auge na década de 60.

Existência: em filosofia, a existência define-se em relação à essência. A essência designa o que são as coisas; a existência, o puro *fato* de que elas sejam. A partir de Heidegger, *existir* designa o modo especificamente humano da existência: ser fora de si, projetar-se para.

Exotérico: aquilo que se dirige ao público não iniciado. Opõe-se a "esotérico".

Facticidade: característica daquilo que existe como puro fato, contingente e sem razão.

Fenomenologia: ciência dos fenômenos, iniciada por Hegel, desenvolvida por Husserl; método que se propõe, pela descrição das próprias coisas, descobrir as estruturas transcendentes da consciência e das essências.

Fisicalismo: doutrina segundo a qual, em epistemologia, as ciências humanas devem exprimir-se no vocabulário das ciências físicas e inspirar-se na metodologia destas.

Gnose: inicialmente o conhecimento supremo dos mistérios da religião, a gnose apresenta-se às vezes como o saber por excelência; em sua versão heterodoxa, evoca o esoterismo. O *gnóstico* aspira a um conhecimento de ordem superior; o *agnóstico*, sem rejeitar as teses metafísicas, considera-as impossíveis de serem estabelecidas.

Hedonismo: doutrina que preconiza o prazer enquanto bem soberano.

Hermenêutica: "Conjunto dos conhecimentos que permitem interpretar os signos e descobrir seu sentido" (Michel Foucault), quer se trate de interpretar textos religiosos, profanos, ou os símbolos.

Idealismo: teoria das Idéias segundo Platão, para quem as essências ou as Idéias têm uma existência em si, separada das realidades sensíveis que delas participam. Igualmente, doutrina segundo a qual o pensamento é a fonte de todo conhecimento.

Indiferença: aquilo que não temos nenhuma razão para escolher ou não escolher.

Logos: termo que designa a um só tempo a fala e a faculdade de raciocinar. O *logos* significa o discurso racional, a busca da verdade.

Metafísica: passagem para além (*meta*) do ente (*physis*) em direção ao ser. Immanuel Kant a define como um conhecimento que "se eleva completamente acima dos ensinamentos da experiência mediante simples conceitos".

Monismo: sistema que considera o conjunto das coisas como redutível à unidade, por oposição ao dualismo e ao pluralismo. O materialismo, o idealismo e o panteísmo constituem diferentes formas de monismo.

Necessário: aquilo cujo contrário é impossível.

Nomologia: estudo das leis.

Ôntico: segundo Heidegger, este termo designa aquilo que se refere ao ente, isto é, aos seres do mundo.

Ontologia: disciplina que se empenha em dizer o que é o *ser* ou o que realmente *é*. Aristóteles chama ontologia a parte da filosofia que consiste na "teoria do ser enquanto ser".

Opinião: afirmação não submetida a exame crítico, mas tida por verdadeira por aquele que a enuncia.

Postulado: designa, segundo Kant, uma "proposição teórica que, como tal, não pode ser provada".

Predestinação: doutrina segundo a qual Deus chama um homem para ser salvo, independentemente de suas ações.

Predicado: aquilo que é afirmado ou negado de um sujeito.

Princípio: aquilo que é primeiro; aquilo que contém a razão de ser de tudo o que se segue.

Providência: ação de Deus sobre a natureza.

Providencialismo: doutrina em que o curso dos acontecimentos no mundo é explicado pela intervenção de Deus.

Racional: o conhecimento racional é obtido quer pela demonstração, quer pela verificação experimental; por oposição ao conhecimento vulgar, ou opinião.

Racionalismo: doutrina que atribui à razão o poder de conhecer a verdade.

Relativismo: doutrina preconizando que todo conhecimento é relativo; isto é, que depende de outro conhecimento ou de outro ponto de vista.

Ser-em-si: o ser que existe para si mesmo, desligado de qualquer relação com o homem.

Sofista: (de *sophos*) homem de saber; aquele que "faz profissão de saber", e que está portanto apto a dissertar sabiamente sobre qualquer assunto. Por conseguinte, aquele que vende a arte de dar aos outros o sentimento de serem sábios. O sofista é o adversário do filósofo.

Substância: para Aristóteles, "diz-se daquilo que não é predicado de um sujeito".

Teleologia: estudo dos fins, da finalidade.

Teodicéia: termo criado por Leibniz, do grego *theos* (Deus) e *dikê* (justiça). A teodicéia é a refutação das objeções baseadas na existência do mal contra a bondade divina.

Teologia: ciência que tem Deus por objeto, e cujo conteúdo se refere às verdades reveladas por Deus nas Escrituras e na tradição.

Teologia natural: leva em consideração a experiência, a observação da natureza ou a experiência moral.

Transcendência: superação. O *transcendente* designa aquilo que é metafísico, para além da natureza: quer a Idéia (o supra-sensível), quer Deus (o Ser supremo).

Utilitarismo: doutrina fundada principalmente por Jeremy Bentham, depois por John Stuart Mill (1861), segundo a qual o útil é o princípio de todos os valores, nos domínios do conhecimento (pragmatismo) e da ação (utilitarismo moral e econômico). Estabelece como fim último a maior felicidade do maior número.

Elaborado por Marie-Reine Morville

NATUREZA

A natureza é uma obra de arte?

SERGE MOSCOVICI

Qualquer um que pense nessa natureza desejada, desconhecida, experimenta dúvidas. É ela o meio que nos cerca, faz ela parte das realidades determinadas desde a origem, ou é ainda outra coisa? A fim de pairarmos acima destas dúvidas, reconheçamos que a natureza é para nossa espécie o que uma comunidade é para um indivíduo: seu corpo imortal. A razão? Sem o atrativo de uma duração prolongada, a promessa de uma ordem contínua, os homens não teriam tido nenhuma vontade de criar as coisas, nem mesmo de conhecê-las. Teriam sido levados a crer que sua existência é simplesmente o rastro de um acaso, eles próprios não significando nada a exemplo de uma força qualquer da matéria, por maior que seja. Era preciso, portanto, que lhes fosse assegurada a existência enquanto parte de um conjunto acabado. Eis por que Aristóteles diz: "A natureza garante à espécie a imortalidade por retorno periódico, mas não pode garanti-la ao indivíduo."

Assim sendo, podemos supor que, após ter triunfado sobre as contingências da sobrevivência, nossa espécie quis obter um "superávit de vida" a fim de evitar a solidão, e dar um sentido necessário à sua ação sem fazer mal a qualquer criatura. Da mesma forma que os rios, ao correrem, juntam-se a outros rios, nossa espécie fez uma aliança com outras espécies, depois com as forças da matéria, a fim de estabelecer um reino comum. Fiquemos com essa intuição evidente; em primeiro lugar porque, fora dessa aliança e antes dela, a natureza não existe; em segundo lugar porque, se o homem dela estiver ausente, ela, invisível, é apenas átomos e vazio. Heráclito, o primeiro a atentar para a necessidade de explicar essa invisibilidade, não hesitou em formular o que vem desde sempre afirmando a filosofia: "A natureza gosta de se esconder." À espera de nossa presença que a descobre e nela se descobre.

Conjunto dos seres e das coisas que constituem o universo, o mundo físico; tudo o que, no universo, não aparece como transformado pelo homem; conjunto das leis que parecem manter a ordem das coisas e dos seres; modelo que a arte se propõe seguir ou reproduzir.

Espontaneamente, os homens são panteístas, aliados das forças naturais, ligados ao corpo imortal da espécie. Fora dessa aliança, a natureza existe?

Espontaneamente, os homens são panteístas. Manifestam entusiasmo ou temor fazendo aliança com a multiplicidade dos seres, como se esta tivesse vida própria e constituísse valor novo. Minha maneira abrupta de dizer encobre a dificuldade de exprimir uma idéia que se impõe ainda hoje, fora de qualquer juízo de adesão ou de recusa: a paixão pela natureza. Uma paixão tão forte que impõe respeito à racionalidade. Não a fim de refreá-la, mas a fim de deter seu olhar sobre o caos em que ela nos mergulharia se lhe fixássemos pontos de ancoragem entre os inumeráveis elementos que compõem o universo. Entretanto, não suponhamos uma verdadeira harmonia ali onde reinam as múltiplas tensões: cidades barulhentas, superdimensionadas, irrespiráveis; espécies programadas para desaparecer por cálculo e previsão. O próprio nome "natureza" dissimula-se sob as palavras ecossistema ou meio ambiente.

Essa paixão pela aliança na natureza aparece duplamente como paixão da união e como paixão da criação. Na primeira, o que parece pertencer à gnose ou à mística é colocar uma realidade em carne e em sentido cuja densidade de presença exerça sobre nós um domínio total. Como se ela possuísse em si uma vida, uma materialidade luminosa, em vez de ser apenas uma alusão monótona a mecanismos ou forças invisíveis. E o homem vê, prova, sente a luz, o fogo, os elementos, como se a natureza nele residisse, macrocosmo no microcosmo. A união que se desvela então está mais próxima do homem que ele mesmo, ato paroxístico tal o amor que associa, triunfando sobre o ódio que dissocia. O conhecimento participa desse ato; saber não é uma coisa, amar ou odiar sempre uma outra. Assim os gnósticos, os místicos e, mais tarde, os filósofos naturalistas ensinam que, quando se conhece, é preciso partir da totalidade viva da natureza mais do que dos elementos ou das forças, apreendê-la enquanto unidade dando um *impetus* às partes.[1] Se não há nada para além dela, então nada existe nem é necessário conhecer.

A paixão para com a criação manifesta sua potência e suas maravilhas no engendramento dos indivíduos, na geração das espécies, na aparição dos corpos inumeráveis na plenitude do universo. A arte eternizante nasceu dessa paixão? Mas calculada

1. *Fondements du savoir romantique*, de Georges Gusdorf, Paris, Payot, 1982.

e inspirada, a arte — mais tarde a ciência — continua essa obra de criação ao associar os dons do homem às energias da matéria, a aparência da ordem que ela segue à realidade da desordem que a enfrenta, as regras do fazer ao acaso do ser. Sua fecundidade cristaliza-se nessa obra que alia o saber e o fazer humanos às propriedades das forças não humanas. É o que constitui em verdade um estado de natureza. Talvez essa afirmação, a que dediquei um livro, não deixe de surpreender. E se ficarmos abalados por ver o contraste entre artifício e natureza reduzido a uma ilusão,[2] convém consultar a história.

Cada passo rumo à expansão nos separa de nossa aliança com a natureza inicial inscrita nos sentidos, nos afetos, na memória.

Tudo começa sob forma de arte, a natureza de hoje é em geral a arte de ontem. Conhecemo-la, consoante o aforismo de Vico, porque a fizemos, ou antes a inventamos, ao unirmos ao longo do tempo as propriedades dominadas pelo homem às forças novas da matéria, que anteriormente por assim dizer não existiam e não desempenhavam nenhum papel em nossa história: forças orgânicas, depois mecânicas, depois elétricas e químicas, depois nucleares. Imaginamo-las exteriores porque esquecemos sua relação minuciosa com essa história que fizemos passar, em alguns milênios, de uma natureza orgânica a uma natureza mecânica e desta a uma natureza cibernética, não desveladas por fora mas inventadas por dentro. Se cada revolução das ciências e das artes desencadeia uma revolução de nosso estado de natureza, há uma história. Uma história humana da natureza, da aliança dos saberes práticos em nós e das forças fora de nós.

Se a natureza não passa de uma variedade da arte, muito perfeita, ela se encontra em incessante transformação. A paixão da criação, quando se confunde com a paixão do conhecimento no homem, exprime o desejo de se aperfeiçoar, uma entrega em suma. Mas o homem não pode se transformar no mesmo ritmo que sua obra, arrancar-se completamente da natureza, seu corpo imortal das origens. Copérnico, Darwin, Freud infligem ao homem feridas narcísicas ao expulsá-lo do centro do mundo que ele descobre ao inventá-lo, ao fazer da Terra um planeta, do homem uma simples espécie, da consciência uma exterioridade do inconsciente. Coisa notável, poderíamos sustentar o contrário dessa intuição de Freud seguindo uma in-

2. *A anti-natureza*, de Clément Rosset, Rio de Janeiro, Rocco, 1973.

tuição de Nicolau de Cusa: Copérnico projeta o Sol no centro do mundo, elevando a terra do homem, até então sublunar, entre os corpos celestes; Darwin nos arranca da solidão e do arbitrário divino ao nos içar ao cume da evolução do reino animal. E Freud, nos desvelando que o inconsciente é nossa casa, o desdemoniza e ilumina os terrores de nossa consciência.

Ora, é justamente isso o que aprofunda as feridas narcísicas. Cada passo rumo à expansão nos separa um pouco mais dessa natureza inicial, de nossa aliança primeira inscrita nos sentidos, nos afetos, na memória carnal. Maneira metafísica de dizer que cada nova criação coloca novamente o problema do amor e da separação do corpo imortal da espécie. Nunca, antes de nosso século, essa ferida pareceu tão incurável, suscitando horror à idéia de que toda a espécie possa desaparecer, exterminada pelas forças da natureza criada. A morte da imortalidade, disse Adorno. Deus está morto, proclamou o século XIX. O nosso vai mais longe: a natureza está morta. Pouco importa que isso seja um sentido ou um não sentido. Tenho no entanto a convicção de que nosso desamparo de hoje, nossa insegurança ante a ciência, os frutos da terra, o corpo dos animais, o contato com os outros seres, remontam àquele auto-de-fé das alianças do universo. Restam o efêmero e a nostalgia das paixões da natureza. O eco do homem lembrando-se do "Tudo me reduz a mim mesmo", de Novalis.

LEITURA SUGERIDA:

Histoire de l'idée de nature, de Robert Lenoble (Paris, Albin Michel, col. L'Évolution de l'Humanité, 1990).

Un paradigme perdu: la nature humaine, de Edgar Morin (Paris, Seuil, col. Points, 1979).

Questions II, de Martin Heidegger (Paris, Gallimard, 1968).

A revelação da Unidade segundo Giordano Bruno

Em 1543, através de um raciocínio matemático, Nicolau Copérnico reabilita a teoria do movimento terrestre, esquecida desde Eratóstenes (século III a.C.). A rotação da Terra é acolhida com entusiasmo por Giordano Bruno pelas seguintes razões: "A Terra está em movimento a fim de se renovar e de renascer, pois não pode durar para todo o sempre sob a mesma forma. Pois as coisas que não podem ser eternas a título individual o são enquanto espécie; e as substâncias que não podem ser imortais sob um mesmo aspecto mudam assumindo outras aparências. Pois a matéria e a substância das coisas são incorruptíveis e devem, em todas as suas partes, atravessar todas as formas... Eis por que, já que a morte e a dissolução não convêm a toda esta massa de que são formados este globo e esta estrela, e que o aniquilamento completo é impossível na escala da natureza inteira, a Terra transforma de vez em quando todas as suas partes segundo uma ordem nova, e desse jeito se renova...

"Nós mesmos, assim como as coisas que a nós se referem, vamos e voltamos, passamos e repassamos; não há nada do que nos pertence que não seja suscetível de se nos tornar estranho, da mesma forma que não há nada do que nos é estranho que não seja suscetível de se tornar nosso... E nada é eterno em seu próprio direito, exceto a substância e a matéria de que é feita, e estas estão em constante mutação. [...] Volto mais especificamente a meu raciocínio acerca desse grande indivíduo, ama-de-leite e mãe perpétua de todos nós, e a seu movimento sobre cuja causa me interrogáveis [...]."

Segundo Frances Yates[1], "embora o movimento terrestre faça parte dos pontos que levaram à condenação de Bruno, seu caso não pode ser confundido com o de Galileu, que foi forçado a modificar suas opiniões sobre a rotação terrestre. A opinião de Galileu estava fundada sobre considerações matemáticas e mecânicas; ele vivia num mundo mental inteiramente diferente do de Bruno. A filosofia de Bruno não pode ser separada de sua religião. Era sua religião, a religião do cosmo, que ele via sob a forma ampliada do universo infinito e dos mundos inumeráveis. O sistema de Copérnico era o símbolo da nova revelação, significando um retorno à religião natural dos antigos egípcios e à sua magia, num quadro que, curiosamente, ele imaginava católico".

Em 1584, em "Spaccio della bestia trionfante" ("Expulsão da besta triunfante"), Bruno havia celebrado a religião dos antigos egípcios, tal como o Renascimento a entendia: "Os crocodilos, os galos, as cebolas e os nabos nunca foram adorados em seu próprio direito, mas em razão dos deuses e dos princípios divinos contidos nos crocodilos, nos galos e nas outras coisas; este princípio divino esteve, está e estará em diferentes assuntos, na medida em que, em certas épocas e em certos lugares, eles são mortais, sucessivamente e ao mesmo tempo, isto é, a divindade conforme estiver próxima e familiar dessas coisas e não a divindade em sua elevação suprema, em si mesma absoluta e sem relação com as coisas produzidas. Vedes, portanto, como uma única divindade simples, que é em todas as coisas uma única natureza fecunda, mãe e mantenedora do universo, lança ao longe sua luz graças a diferentes assuntos, e toma diferentes nomes, conforme se comunica diversamente. Vedes como nos devemos elevar até essa Unidade pela participação em diferentes bem-fazeres; pois tentaríamos em vão pegar água numa rede ou um peixe com um prato."

COMPILADO POR CATHERINE DAVID

1. *Giordano Bruno e a tradição hermética*, de Frances Yates, São Paulo, Cultrix, 1990.

REVOLTA

Ação violenta e espontânea, marcando oposição ao poder, a uma decisão, a uma situação estabelecida; sentimento violento de indignação, de reprovação; recusa apaixonada da condição humana.

Em face do consenso, a salvação passa pela revolta?

MICHEL ONFRAY

Regozijemo-nos: o século XX vai em breve desmoronar, mas num estrondo que, de qualquer modo, fará menos alarido que a carnificina das trincheiras e o holocausto por meio do zyklon B, os enforcamentos coloniais e as explorações capitalistas, o apocalipse no cotidiano dos malditos pelo sistema ou a pauperização planetária generalizada. O século cheira a pólvora, a morte e a cadáver, empesteia o ossuário sobre o qual triunfam uns poucos, os senhores da guerra que incendiaram e ensangüentaram estes cem anos. Cínicos, dizem alguns, para qualificar esses agentes do mal utilizando a mesma palavra que serve para qualificar Diógenes, o contraveneno para todos. Como entender essa mudança de sentido que desvia o cinismo de seu hipermoralismo de origem para dele fazer a palavra que qualifica o comportamento do que é sem fé nem lei?

Na medida em que forem entendidos em um sentido ou outro do termo, os cínicos serão os moralistas ou os imoralistas do século. Os primeiros, discípulos de Diógenes, de Antístenes e de alguns outros gregos do século VI antes de Cristo, nada põem acima dos valores, tal como os definem e os defendem, aspirando a uma moral superior com virtudes sublimes que magnificam o estilo, a tensão e a energia; os segundos crêem no mero bom senso de toda ação que lhes permite triunfar em seu empreendimento.

Alguns arrastam arenques na ponta de um barbante pelas ruas de Atenas, masturbam-se em praça pública, esbofeteiam os poderosos, apostrofam os mestres, andam maltrapilhos, saem de costas dos teatros e tomam o cão por modelo, pois morde aqueles que merecem. Seu objetivo? Desmistificar, pulverizar os ideais gregários, os pensamentos coletivos que geram as civilizações nutridas pela substância dos indivíduos, criticar o falso pudor, a obsessão da reputação, a submissão à autoridade, as ações e pensamentos interesseiros; outros aspiram à dominação, ao império, à sujeição da maioria que querem submeter às suas palavras de ordem. Os êmulos de Diógenes, meros moralistas, salvam o século quando os cínicos vulgares o perdem ao tê-lo feito tal como é, sujo e feio, repelente e vil. De modo que o cinismo filosófico vale como remédio ao cinismo vulgar, apenas o primeiro autorizando que se fale de moral.

Os cínicos gregos encarnaram a crítica mais virulenta da sociedade. Aqueles que afirmam hoje "ter ódio" são seus herdeiros?

Pois onde estão os cínicos vulgares, esses imoralistas de sempre? Por toda a parte, ou quase. Toda vez que uma parcela de poder está para ser habitada, freqüentada, ocupada. Imprensa escrita ou falada, edição, jornalismo, Universidade, mas também quartel e banco, Bolsa de Valores e conselhos de administração, confederações patronais e federações sindicais, ministérios e gabinetes, embaixadas e agências diversas, comissões governamentais, comitês múltiplos e outras oportunidades de quintessenciar o poder antes de exercê-lo contra o maior número.

Da mesma forma, os cínicos vulgares se superam na arte de renegar seus engajamentos passados. Seríamos capazes de notar que disseram num momento uma coisa e mais tarde exatamente o contrário? É que entendemos mal, estamos cobrando deles um certa coerência, estamos promovendo uma caça às bruxas, pensamos qual um promotor de tribunal revolucionário, qual um alimentador de guilhotina. E eles a pensar que se pode celebrar Mao ontem antes de promover hoje as virtudes do liberalismo; ensinar a ruptura com o capitalismo um dia e anunciar no dia seguinte que é preciso esconder as garras diante dele; enforcar o último burguês com a tripa do último padre outrora e agora pensar como burguês ou como padre, quem sabe ambos. Os exemplos são legião, *ad nauseam.*

Loucos pelo poder e protegidos por uma memória curta, essa corja brilha igualmente na arte das máscaras. O cínico vulgar pratica o travestimento, esconde-se, dissimula-se, finge ser outro que não é. Numa hora, diz-se niilista e administra com competência um estabelecimento comercial que lhe permite anunciar, do balcão de um café de Saint Germain-des-Prés

O falso cínico mais detestável é o falso libertário, verdadeiro reciclador de seus próprios ódios.

onde se exibe, o inconveniente de ter nascido, a paixão da desilusão, os espantos existenciais diante do nada; noutra, como filósofo para senhoras, o falso cínico ensina a arte da desesperança — des-esperança credita o achado —, a necessidade de desfazer-se do ego, do eu, a paixão pelo Oriente costumeiro da diluição da subjetividade, tudo poderosamente editado, difundido, assinado, rubricado num registro que exacerba o pobre eu odioso, o assustador eu detestável — que de resto não se envergonha da Legião de Honra com que foi há pouco condecorado.

Na verdade, o falso cínico mais detestável não é o pedante mundano, nem o atormentado existencial, o filósofo de café ou o neobudista, mas o velhaco de plantão na imprensa dita subversiva, o falso libertário, verdadeiro reciclador de seus pobres ódios, com os quais persegue tudo o que o supera em qualidade — melhor dizer tudo — e só resolve problemas de ego medíocre quando se enfeita com penas de pavão satírico, tolo ou cruel. Longe de Diógenes, que não suja o mundo com o desprezo que o satura e o transborda por impotência, esse cínico sonha apenas com uma coisa: igualar aquele sobre o qual concentra seus escarros. Escondido atrás da estátua do mestre antigo, à sua sombra, vivendo dela, pratica sem se envolver muito a crítica do sistema, calando tudo o que faria de fato avançar a subversão.

É claro que todos esses, cínicos como o diabo, mas no terreno vulgar, ilustram a mais radical das imoralidades. Sem ética que os sustente, sem valores que os estilizem, livres de qualquer verticalidade moral, não hesitam em praticar o desvio do termo, a fabricação de uma reputação de cobertura, a promoção de um ideal teórico indexado segundo a encomenda do maior número, a separação da obra e da vida, do pensamento e da existência própria, tudo isso permitindo que reivindiquem a casinha do cachorro ao mesmo tempo em que perambulam sem vergonha pelos palácios presidenciais. O desejo de um exclui no entanto a prática do outro, talvez até a prática de um proíba a reivindicação do outro.

Se os imoralistas triunfam do lado do cinismo vulgar, onde então se encontram os cínicos autenticamente êmulos de Diógenes? Onde se aninham os descendentes do filósofo do cão? Onde estão os moralistas deste século XX? Primeiramente, entre os filhos de Nietzsche, este cínico radical de ontem que morreu louco na abertura deste século, em 1900. E é tanto mais singular que aqueles que não são nietzschianos, e gritam isto alto e forte, ilustram-se nitidamente num nietzschianismo de opereta e de caricatura, aquele em virtude do qual tudo seria permitido desde a morte de Deus. Por outro lado, os que inscreveram seu pensamento nessa descendência agiram como hipermoralistas, como promotores de uma ética exigente a requerer uma política radical. Onde estão eles? Quem são? São, entre os mais recentes, Michel Foucault e Gilles Deleuze, que morderam feito cães, cagaram e mijaram nas falsas aparências da época, levantaram a pata diante das honrarias e dos poderes, transformaram em postes os monumentos oficiais. Esses, os mais visíveis.

Mas existiram, e ainda existem, descendentes de Diógenes, menos filósofos propriamente ditos do que promotores de gestos cínicos, inventores de comportamentos: um cantor que queima uma cédula de dinheiro na telinha, um animador de auditório que se candidata a presidente, um cômico fantasiado de Monsieur Cyclopède* que põe a nu todas as imperfeições de uma época — cada um mostra por gestos subversivos o que há para ser pensado de seu tempo. Moralistas como La Rochefoucauld e Chamfort colocaram acima de tudo valores cardeais e serviram-nos através do cinismo, esta arte de desnudar, de deixar o nervo exposto, de arrancar a carne e querer o osso nu.

E além deles, no mesmo palco onde filosofam à sua maneira, por gestos mais que pelo verbo, mais com a ação que com a retórica, encontramos também, do lado da moral, aqueles que, longe do acesso fácil às manchetes e da profissão aberta de cínico patenteado, denunciam o mundo tal ele caminha, recusam o real em sua crueldade, sua violência e seu parentesco com a morte. Modestos, discretos e silenciosos, confundidos na massa, instalam o filósofo da lanterna ao lado dos sem-documento, dos sem-teto, dos desprovidos, dos rejeitados, dos desempregados, dos pobres, dos estrangeiros, dos sem-diploma, daqueles de quem nunca se fala e a quem fal-

* *La minute nécessaire de Monsieur Cyclopède*, de Pierre Desproges, programa da televisão francesa de crítica política e social. (N.T.)

ta toda voz. Esses novos cínicos podem ser professor no Collège de France ou mãe de família, cineasta ou estudante universitário, fotógrafo ou simples revoltado animado por uma preocupação moral duplicada por uma vontade política de acabar com os cínicos vulgares, aqueles que querem desesperar, esperar, temporizar, vender um amanhã ideal para fazer engolir o hoje insuportável. Sua insubmissão, sua rebelião, sua revolta, sua reivindicação reatualizam o gesto de Diógenes: em nome de uma moral exigente e imperiosa, querem acabar com uma moral da submissão e da injunção de suportar ainda e sempre.

Os verdadeiros moralistas do século XX não estão portanto ali onde são aguardados: eles denunciam, criticam, recusam. Organizam vendas para desempregados em hasta pública, efetuam "arrastões" de caviar nas lojas de luxo ou de macarrão nos supermercados populares, amarram-se às grades dos palácios oficiais, acendem suas fogueiras nas encruzilhadas, até nas portas das Agências Nacionais para o Emprego. Na falta disso, viram carros e os incendeiam porque os cínicos vulgares, os que dissertam sobre a moral da intenção e fazem negociatas nos ministérios, os que vangloriam a excelência do budismo e ao mesmo tempo ostentam suas rosetas no *Diário Oficial*, os que se regozijam no projeto suicida e se bronzeiam nas varandas dos cafés, os que convidam a desesperar e ao mesmo tempo recebem royalties por seu discurso conservador, todos estes representam apenas um velho mundo no qual querem introduzir o fogo nele atirando suas lanternas.

LEITURA SUGERIDA:

Le discours de la servitude volontaire, de Etienne de La Boétie (Paris, Payot, 1985).

De l'individualisme révolutionnaire, de Alain Jouffroy (Paris, Tel/Gallimard, 1997).

Nous qui désirons sans fin, de Raoul Vaneigem (Paris, Gallimard, 1998).

Diógenes, o Cão

"Que tipo de homem te parece Diógenes?", perguntam um dia a Platão. "Sócrates louco", responde. Alguém acrescenta: "Ele diz dos oradores que são servos do povo, e as coroas de louros causadas por esta febre: a glória. Vimo-lo passear em pleno dia com uma lanterna e repetir: 'Procuro um homem.'" "Perfeitamente!, exclama um outro. E quando as pessoas se reúnem à sua volta, ele as rechaça com seu bastão gritando: 'Eu disse homens, não dejetos.'"

"Pensas que ele esteja habilitado para ensinar filosofia?", interroga um rapaz, leitor atento da *República*. "Um estudante quis um dia estudar filosofia sob sua direção, explica Platão: Diógenes deu-lhe um arenque e rogou-lhe que o seguisse. O outro, muito envergonhado, jogou o peixe fora e se foi. Alguns dias mais tarde, eles se cruzam e Diógenes ri baixinho: 'Um arenque partiu nossa amizade.'"

O orgulho de Diógenes é sem igual, comentam. Alguém conta então que ele, em sua juventude, foi feito prisioneiro e exposto à venda. Perguntaram-lhe o que sabia fazer e ele respondeu: "Comandar." Depois, virando-se para a assistência, lançou: "Alguém está precisando de um mestre?" Um outro evoca a anedota famosa que põe Diógenes em presença de Alexandre: "Sou o grande rei Alexandre, diz-lhe este. — E eu, eu sou Diógenes, o Cão. — Que fizeste, pois, para que te chamem o Cão?" pergunta Alexandre. — "Balanço a cauda diante daqueles que algo me dão, desato a latir atrás daqueles que nada me dão e mordo os descrentes."

Com Diógenes e seus semelhantes, os cínicos, a impertinência, a insolência, a provocação e o impudor são elevados ao nível de uma arte marcial. Nada que lhes caia nas graças, nada que não esteja destinado a receber a mordida do cão — a vaidade, a preguiça, a suficiência, a avidez, a hipocrisia e o comprometimento são sem contemplação fustigados. "Vendo um dia uma mulher prosternada perante os deuses e que mostrava assim o traseiro, ele quis livrá-la de sua superstição. Aproximou-se dela e disse-lhe: "Não temes, ó mulher, que o deus esteja por acaso por trás de ti e que tu lhe mostres assim um espetáculo muito indecente?"

COMPILADO POR JEAN-PHILIPPE DE TONNAC

AMOR

Disposição favorável da afetividade e da vontade para com o que é sentido ou reconhecido como bom; movimento de devoção perante uma divindade, um ideal, uma outra pessoa; sentimento intenso entre duas pessoas, englobando a ternura e a atração física; gosto muito marcado, paixão por algo.

O amor é falta ou plenitude?

ANDRÉ COMTE-SPONVILLE

Roland Barthes já observava: o amor é um assunto mais obsceno, para nossos contemporâneos, do que o sexo. Mais incômodo. Mais íntimo. Mais díficil de dizer, de mostrar, de pensar. Digamos que a sexualidade tornou-se uma espécie de regra, à qual não há como não se submeter. O amor seria antes uma exceção. A sexualidade faz parte de nossa saúde. O amor seria antes uma doença, em todo caso um distúrbio. A sexualidade é uma força. O amor seria antes uma fraqueza, uma fragilidade, uma ferida. A sexualidade é uma evidência; o amor, um problema ou um mistério. Pode-se duvidar, inclusive, de sua existência ou, no mínimo, de sua verdade: e se fosse apenas um sonho, uma ilusão, uma mentira? Se por toda parte existisse apenas o sexo e o egoísmo? Se todo o resto não passasse de literatura? Se o amor só existisse, como já o sugeria La Rochefoucauld, na medida em que falássemos dele?

Isso, no entanto, não seria nada, já que dele falamos com efeito, já que dele falamos sem parar. E já que o egoísmo é um amor ainda — é o amor de si —, cuja existência e força não podemos contestar muito. Se não nos amássemos a nós mesmos, como poderíamos nos preferir, como é claro que fazemos quase sempre, e por que desejaríamos ser amados?

E depois há os filhos: se não os amássemos, teríamos medo a esse ponto?

E depois há os amigos: mesmo que não os amássemos senão para nós, o que é com efeito concebível, ainda assim seriam mais preciosos a nossos olhos do que nossos inimigos, que detestamos, ou que aqueles, inumeráveis, que nos são indiferentes. É preciso, pois, que o amor não seja nada, já que introduz pelo menos, em nossas relações, esta diferença: entre aqueles que nos são caros, como se diz, e aqueles que nada são para nós.

Amar é se apegar, e se apegar é sofrer. Nessas condições como conceber um amor feliz?

E depois há todos aqueles amores que nos estorvam, cuja existência não podemos por isso contestar: o amor ao dinheiro, ao poder, à glória...

E depois aqueles que nos regozijam: o amor à boa mesa, ao prazer, à vida... Que valeria o sexo, inclusive, se não o amássemos?

Podem dizer que se trata de amores muito diferentes, que não podemos colocar no mesmo plano o amor que temos por um objeto (por uma iguaria ou um vinho, por exemplo) e aquele que sentimos por um sujeito, que somente ele seria *amor* verdadeiramente... Talvez. Mas, enfim, só podemos distingui-los se primeiro os compararmos. E além disso a linguagem me dá razão, na maioria das línguas: "O amante, dizia Platão, ama a criança como um prato de que se quer saciar, ou como o lobo ama o cordeiro..." E Nietzsche, para zombar do amor pelo próximo: "Como a águia não gostaria do cordeiro, de carne tão prazerosa?"

Tomo o amor em sua extensão máxima, e tento entender o que ele é. Amo o vinho e a cerveja, Mozart e Vermeer, as mulheres e esta mulher... O que há de comum entre esses diferentes amores? Um certo prazer que dele espero ou que nele encontro, uma certa alegria, até mesmo, por vezes, como uma felicidade possível. Amar é poder desfrutar ou regozijar-se de algo ou de alguém. É portanto também poder sofrer, já que prazer e alegria dependem aqui, por definição, de um objeto exterior, que pode estar presente ou ausente, dar-se ou recusar-se... "Em relação a um objeto que não é amado, escreve Espinosa, nenhuma querela nascerá; não sentiremos tristeza se vier a perecer, nem ciúme se cair em mãos de outro, nem temor, nem ódio, nem perturbação da alma..." Estamos longe disso, e basta dizer que o amor nos prende como a ele nos prendemos. Se nada amássemos, nem nós mesmos, nossa vida seria mais tranqüila do que é. Mas é que também já estaríamos mortos.

Não se pode viver sem amor, explica Espinosa, já que é o amor que faz viver: "Em razão da fragilidade de nossa natureza, sem algo de que gozemos, a que estejamos unidos e por que sejamos fortalecidos, não poderíamos existir." O amor é uma potência — potência de gozar e de regozijar-se — mas limitada.

Se não amássemos nada, nem nós mesmos, nossa vida seria mais tranqüila do que é. Mas também já estaríamos mortos.

Por isso ele marca também nossa fraqueza, nossa fragilidade, nossa finitude. Poder gozar e poder sofrer caminham juntos, como a alegria e a tristeza, e é o que significa o amor: que estamos fadados à instabilidade, à esperança e ao temor, ao gozo e à falta, enfim ao trágico e à insatisfação. Uma saída? Seria preciso amar apenas a Deus ou a tudo, o que dá no mesmo, e é o que Espinosa chama a sabedoria. Mas quem é capaz disso?

O que é o amor? Espinosa dá esta bela definição: "O amor é uma alegria acompanhada da idéia de uma causa exterior." Amar é regozijar-se de. Mas, e se a causa faltar? Resta, então, apenas a mágoa ou a falta.

É onde se pode pensar a relação entre duas definições do amor, que dominam toda a história da filosofia. Há a de Espinosa, que já era, no essencial, a de Aristóteles: "Amar, dizia este último, é regozijar-se." E há em seguida a de Platão, que parece dizer bem o contrário. O amor, para Platão, não é primeiramente uma alegria. O amor é falta, frustração, sofrimento: "O que não temos, o que não somos, o que nos falta, eis os objetos do desejo e do amor." São dois amores diferentes, que os gregos designavam por duas palavras diferentes: *philia*, para a alegria de amar, e *eros*, para a falta. A amizade, se quisermos, e a paixão (a falta insaciável do outro). Seria errado entretanto opô-las de modo demasiado estrito, demasiado simples. A maioria de nossas histórias de amor mistura ambos os sentimentos, e no fundo é feliz: já que estamos fadados à falta, pela finitude, e já que apenas a alegria nos conforta ou nos preenche... O sexo, por exemplo, pode ser vivido tanto na falta quanto na alegria, e até, quando tudo vai mais ou menos bem, não cessa de nos acompanhar desta àquela, daquela a esta, é nisso que ele se assemelha a nós ou se assemelha ao amor, é nisso que nos assemelhamos a ele quando amamos...

A falta e a alegria, *eros* e *philia*, não são menos diferentes um do outro. *Eros* é primeiro, claro, já que a falta é primeira: vejam o recém-nascido que busca o seio, que chora quando lho retiram... É o amor que toma, o amor que quer possuir e guardar, o amor egoísta, o amor passional; e toda paixão devora. Te amo: te quero. Como este amor seria feliz? É preciso amar o que não temos, e sofrer com essa falta; ou então ter o que não falta mais (já que o temos) e que por isso amamos cada vez menos (já que só sabemos amar o que falta). Sofrimento da paixão, tédio dos casais. Ou então é preciso amar de outra maneira: não mais na falta mas na alegria, não mais na paixão mas na ação — não mais em Platão mas em Espinosa. Te amo: sinto-me feliz porque existes. Todo casal feliz, e apesar de tudo existem alguns, é uma refutação do platonismo.

Eros é a falta e a paixão amorosa: é o amor que prende ou quer prender. *Philia* é a potência e a alegria duplicadas pelas do outro: é o amor que se regozija e compartilha.

Olhem a mãe e o filho. O filho *toma* o seio: é *eros*, o amor que toma, é a própria vida. E a mãe *dá* o seio: é *philia*, o amor que dá, graças ao qual tudo continua e muda. Pois a mãe foi primeiro um filho: como todos, começou tomando. Mas aprendeu a dar, pelo menos a seus filhos, e é o que se chama um adulto. No início existe apenas *eros* (há apenas o *isso*, como diz Freud), e talvez disso não escapemos: cada um começa tomando e não pára nunca. Mas, enfim, trata-se de aprender a dar, ao menos um pouco, ao menos às vezes, ao menos àqueles que amamos, àqueles que nos fazem bem ou nos regozijam...

É ainda egoísmo? Pode ser, e por que não? Como poderíamos amar o que quer que seja se não amássemos a nós mesmos? Não se sai do princípio de prazer: trata-se sempre de gozar o máximo possível, de sofrer o menos possível... Não é a mesma coisa, no entanto, gozar apenas do que se toma, ou então saber gozar, às vezes, do que se dá ou se compartilha...

Dar sem tomar? Regozijar-se sem querer possuir nem guardar? Seria *philia* liberada de *eros*, seria o amor liberado do eu, a alegria liberada da falta, e foi o que os primeiros cristãos — quando foi preciso traduzir para o grego a mensagem do Cristo — chamaram *agapè*, que pode ser traduzido indiferentemente por amor ou caridade. É o amor liberado do eu, e por isso sem fronteira, sem margem, sem limite... Que dele sejamos capazes, duvido muito. Mas, enfim, isso indica pelo menos uma direção, que é a do amor: o amor não é o contrário do egoísmo; é seu efeito, sua foz — como um rio se lança no mar —, enfim seu remédio ou, como diria Espinosa, sua salvação.

LEITURA SUGERIDA:

O banquete, de Platão, (em *Diálogos*, Rio de Janeiro, Ediouro).

Ética, de Baruch de Espinosa (São Paulo, Nova Cultural, col. Os Pensadores, 1997).

(*cont.*)

La Pesanteur et la Grâce, de Simone Weil (Paris, Pocket, 1991).

Vais passar toda tua vida a buscar um seio, ou a querer guardá-lo, ou a dele sentir saudades, quando há um mundo inteiro a ser amado?

Nunca se ama demais. Ama-se mal e mesquinhamente.

Diotima de Mantinéia

O que é o amor?, pergunta Agatão a seus convivas durante um célebre banquete evocado por Platão. "Está na natureza do amor ser amor de algo?, interroga Sócrates. – Sem dúvida alguma, responde Agatão – O amor deseja ou não o objeto de que é amor? – Ele o deseja. – Mas quando deseja e ama, tem ele o que deseja e ama, ou não o tem? – Verossimilmente não o tem. – Disseste que o amor é amor da beleza e não da feiúra. O amor carece, pois, de beleza e não a possui? – É evidente. – Mas como podes pretender que é belo o que carece de beleza e não a possui de maneira alguma? – Não, certo. – Sustentas, se assim o é, que o amor é belo? – Temo muito, Sócrates, ter falado sem saber o que dizia. – Não pensas que as boas coisas são belas ao mesmo tempo? – Penso-o. – Pois bem, se o amor carece de beleza e se a beleza é indispensável à bondade, ele carece também de bondade. Como, então, seria ele deus, ele que não tem parte nem com as belas nem com as boas coisas? – Não pode sê-lo. – Vês, portanto, que tu também não consideras o amor como um deus." Mas quem esclareceu Sócrates sobre a natureza do amor? Ele diz que seu saber lhe foi transmitido por uma mulher de Mantinéia. O amor não é um deus, ensinou-lhe, é um demônio, um intermediário entre os mortais e os imortais, nascido da união de Poros, o deus do Recurso, e de Pênia, uma pobre serva.

"Eis esta sua condição, prossegue Sócrates: primeiramente é sempre pobre e muito lhe falta para ser delicado e belo, como a maioria das pessoas o crê; mas é rude, sujo, pés descalços, sem morada, deita-se sempre no chão na dureza, dorme ao relento à porta das casas ou nos caminhos; por possuir a natureza da mãe, a falta é seu companheiro de sempre. Mas, como o pai, conspira tendo em vista as coisas belas e boas, é viril, ousado, ativo, caçador hábil, sempre tramando ardis e ávido de inteligência e invenções, filósofo para toda a vida, hábil mágico, feiticeiro e sofista. E não é por natureza nem imortal nem mortal; num mesmo dia, é ora florescente e vigoroso e ora morre, mas de novo revive quando goza dos meios da natureza de seu pai; porém esses meios sempre lhe escapam, de modo que Eros nunca está na indigência nem na riqueza."[1]

O amor é portanto desejo do belo e do bem. Mas qual a sua utilidade para os homens?, perguntam então a Sócrates.

"O verdadeiro caminho do amor, quer nele enveredemos por nós mesmos quer por ele nos deixemos conduzir, consiste em partir das belezas sensíveis e se elevar sem cessar rumo a essa beleza sobrenatural, passando como que por degraus de um belo corpo a dois, de dois a três, depois dos belos corpos às belas ações, depois das belas ações às belas ciências, para das ciências alcançar essa ciência que não é outra senão a ciência da beleza absoluta e conhecer enfim o belo tal como é em si."[2]

COMPILADO POR NATHALIE ZAMORA

1. O *banquete*, de Platão (em *Diálogos*, Rio de Janeiro, Ediouro).
2. Idem.

FELICIDADE

Bom augúrio, acontecimento favorável, acaso feliz, chance; estado de completa satisfação, de plenitude, que se distingue do prazer, o qual é sempre incompleto e não especificamente humano.

A felicidade é nosso único objetivo?

ROBERT MISRAHI

A felicidade é um tema recorrente e fundamental em toda a história do pensamento. Não apenas a felicidade terrestre é o objeto central das filosofias de Aristóteles, Epicuro e Espinosa, mas a busca da felicidade inspira também o século XVIII (literário e político), assim como todo um lado solar da filosofia contemporânea: Albert Camus, John Cowper Powys e Ernst Bloch. Sem querer aqui examinar todas essas doutrinas, podemos pelo menos constatar sua ocultação pelo pensamento trágico: Søren Kierkegaard inaugura a modernidade pela angústia, Martin Heidegger centra suas análises "existenciais" no cuidado e no ser-para-a-morte, e Karl Jaspers (de humanidade nobre e admirável) abre por certo a existência à comunicação mas fecha-a sobre a culpa. Quanto a nosso Jean-Paul Sartre, embora nos ensine nossa liberdade original, em seus textos não propõe nem deseja justificar nenhum valor concreto, nenhum conteúdo para a responsabilidade; se a generosidade inspirava sua ação pessoal e política, esta permanecia sem vínculo com seus escritos filosóficos.

Devemos nos referir, é claro, à nossa época excepcionalmente violenta, dramática e miserável: é preciso de fato conhecer e entender o horror para combatê-lo. Mas ao ocultarem o lado solar e dinâmico do pensamento, os filósofos trágicos tornam-se incapazes de dizer por que (e para que) é conveniente combater a violência, a opressão, a humilhação, a miséria e a doença. As próprias políticas democráticas ficam assim privadas de justificação fundamental e de razão de ser.

É aqui que intervêm a reflexão sobre a felicidade e a ação para sua realização. Constatemos primeiramente que todos os *humilhados* e *ofendidos* buscam uma *saída*: uma liberação e uma alegria de viver. Desempregados e imigrados procuram *se safar*, contam seus *sonhos* (trabalho, moradia, independência, paz, reconhecimento, convivência, "a vida, ora!"). A evidência reflexi-

A esperança, mesmo ínfima, de ser um dia realmente feliz pode sozinha dar um sentido à nossa existência e a nossos atos?

va reside nisso: é à luz de um futuro, isto é, de um ideal de existência, que, retroativamente, o presente se revela como *falta* e, de fato, como injusto, injustificado, absolutamente intolerável. Uma revolta, uma reivindicação, uma ação podem resultar desse olhar. Melhor: somente desse olhar pode resultar uma ação.

A ação é portanto forçosamente iluminada, orientada por *valores* e *critérios* (*referências*) que vêm do futuro para nós. Podemos assim nos render à evidência: é a felicidade que constitui o *horizonte* e o *oriente* de toda ação, e, mais profundamente, de toda existência. E porque deve poder ser encarnada e realizada, ela é o fundamento e o princípio verdadeiro de toda ação. Só o movimento em direção a uma felicidade real pode justificar e fundar, isto é, dar um sentido à existência como tal e por conseguinte à condição humana.

Duas questões surgem então. Por que privilegiar este valor, a felicidade (e não, por exemplo, a liberdade, a justiça ou o amor)? E, uma vez justificado esse privilégio (por reflexão e não por convicção pessoal), é possível dar um conteúdo a essa felicidade e não se limitar a invocá-la ou a ela se referir?

Para ser útil, a resposta deve ser dada em termos contemporâneos. A felicidade é o valor privilegiado porque, na realidade, ela é o objeto e a significação de todos os outros valores, quando estes são afirmativos da existência. Desejamos a liberdade, a justiça e o amor apenas para alcançar com outrem uma forma de existência que seja *completa* e comporte um conteúdo e uma significação *substanciais*. A felicidade designa a melhor das existências, a vida pessoal mais completa e mais rica, isto é, o conjunto dos conteúdos existenciais que dão à vida plenitude e significação. Podemos considerar *preferível* essa riqueza existencial última, esse valor superior a todos os valores afirmativos, pois ele os anima, os engloba e os realiza.

A segunda questão pode então ser formulada: qual é o conteúdo da felicidade, isto é, a experiência e o sentimento de si sempre presentes no âmago de todas as ações quando são afirmativas? Para responder a esta questão do conteúdo do *preferível*, devemos saber o que é essa individualidade, esse ser humano que busca sempre a felicidade e a alcança com mais freqüência do que o dizem.

O ser humano é sujeito. Não *cogito* puro e abstrato, mas carne e consciência, isto é, corpo-sujeito capaz de tornar-se sujeito no sentido pleno. E este não é pura racionalidade nem puro instinto ou pulsão: é desejo. Não *inconsciente*, mas desejo consciente (embora obscuro) capaz de tornar-se desejo refletido. É para esse sujeito que se coloca a questão da felicidade: é porque o homem é a um só tempo desejo e consciência de si (capaz de tornar-se desejo refletido tendo o conhecimento de si) que ele pode se dirigir rumo a um gozo que seja satisfatório e que transcenda as condições atuais de sua vida. Assim, de modo esquemático, o sujeito não é nem um *cogito* abstrato e racional nem um inconsciente pulsional e inacessível; ele é um desejo consciente, capaz de eventualmente tornar-se desejo refletido e sujeito integral.

É pela atualidade da alegria, a realidade efetiva, que a felicidade poderá se instaurar para além do mero presente.

Compreendemos então o privilégio da felicidade e seu conteúdo: o ser humano busca a felicidade porque ele é desejo (e desejo consciente) e porque, sempre capaz de reflexão, está sempre em condições de contestar seu presente por seu futuro e de visar nesse futuro a plenitude de seu desejo.

Mas a vida espontânea do desejo desdobra-se na maioria das vezes como séries de conflitos e frustrações, ou, se quisermos, como sofrimento. Não se vá por isso renunciar ao desejo como nos propõem as religiões ascéticas, mas compreender que esse desejo, sendo também liberdade, deve sair de suas crises de modo excepcional e radical. Só uma transmutação de nosso olhar sobre as coisas nos permite alcançar realmente nosso desejo, isto é, o que há de *preferível* em nosso desejo: satisfação e justificação, plenitude e sentido. Em termos simples, digamos que a felicidade é a consumação real e autêntica do desejo; não o acesso imediato e caótico a todos os prazeres despedaçados (com suas contradições e decepções), mas o acesso à satisfação do prazer pensado, querido, partilhado e habitado por um sentido. Pode-se chamar de *conversão filosófica* essa transmutação do olhar: ela derruba com efeito a ordem de prioridade entre o objeto e o sujeito, este se tornando enquanto liberdade a origem das significações daquele. Se a conversão é partilhada, a vida é transformada. Alcança-se então não simples gozos, mas um gozo mais fundamental que é o gozo do ser. Não mais o "sentimento trágico da vida", mas o sentimento substancial e alegre da existência.

Esse sentimento global deve repousar sobre atos concretos e presentes: são os atos da alegria (ou a alegria como ato). É pela atualidade da alegria, sua presença e sua realidade efetiva, que a felicidade poderá se instaurar para além do mero presente através do tempo de vida de um sujeito emancipado. Metáforas vêm ao espírito, tais como *jardim, luz* e *castelo*: significam pela imagem aquela plenitude real e aquele brilho implicados no sentimento feliz da existência.

O primeiro desses atos de alegria é a fundação de si pela reflexão, a filosofia e a cultura. Fundar-se é escolher e construir por si próprio os princípios de sua própria existência; o ato de fundação é o ato da autonomia e vale porque é um gozo, o gozo criador da liberdade. Essa liberdade, nova e segunda em relação à liberdade confusa da espontaneidade, é a um só tempo criação e ruptura. Ela inaugura um novo desejo e regozija-se por isso mesmo de uma nova existência, em que o sujeito renasce e dá início a si mesmo.

A alegria de dar início a si mesmo estende-se ao outro, que é o único a poder justificar plenamente o sujeito. O ato da alegria é aqui o ato do amor. Mas trata-se de um amor bem diferente. Desdobrado na reciprocidade reflexiva e iluminada, o amor deixa de ser dramático, passional ou destruidor; superando os conflitos, torna-se alegria carnal e espiritual totalmente nova. Supera a ambigüidade pois sabe que o amor-ódio não é o amor mas o medo, assim como supera o desejo de morte, que não é o amor mas a angústia. O amor todo outro é assim a transfiguração da carne e do espírito. "Felicidade de ser", diz Saint-John Perse; mas essa alegria de amor só desdobra seu brilho na luz recíproca dos sujeitos refletidos. A alegria de ser, e de estar junto, pode então voltar-se para os outros e para o mundo. O *preferível* integra o gozo do mundo, gozo aberto e generoso. Apresentam-se esses atos que são a contemplação, a criação, e todas as formas da atividade que o espírito humano sabe inventar para seu contentamento; mas todos esses atos, na arte e na comunicação, na indústria e na pesquisa, na atividade pessoal e na ação pública, devem tornar-se atos substanciais antes de poderem integrar-se numa felicidade. E só se tornam substanciais se forem desdobrados no amor do ser e na luz da reflexão. Só então permitem alcançar aquela plenitude, aquele brilho e aquela significação que dizem o permanente gozo da existência. O *preferível* não é mais, por conseguinte, aquela eternidade estática imaginada pelos grandes mitos, mas um movimento substancial e ativo que poderia valer como viagem e instauração do ser.

Nenhum idealismo ingênuo nisso tudo, nem doutrina do impossível. A felicidade é a um só tempo o oriente e a atualidade de uma utopia concreta sempre possível. O extremo é sempre realizável. A liberdade implica-se a si própria já que se negando se destrói e se afirmando se constrói e se redobra. O *preferível* não está em outro lugar mas aqui mesmo, em nosso presente ou nosso futuro, mas neste mundo: cabe ainda dedicar-se com vigor à sua difícil instauração, cabe ainda abrir-se ao outro para juntos a ele se dedicarem.

Essa filosofia da felicidade, como se vê, é uma ética. Para nós, é até mesmo a ética enquanto tal. É a mais alta vocação da filosofia. E se a filosofia é, num sentido, a educadora da humanidade, é que esta, inteiramente voltada para a felicidade, aprende sem cessar o gosto, o sentido e os meios dessa felicidade.

LEITURA SUGERIDA:

Le Principe espérance, de Ernst Bloch, 3 vols. (Paris, Gallimard, col. Bibliothèque de Philosophie, 1976, 1982. 1991).

Bonheur et civilisation, de Jean Cazeneuve (Paris, Gallimard, col. Idées, 1970).

L'Art du bonheur, de John Cowper Powys (L'Âge d'Homme, 1984).

Espinosa, ou o passeio perfeito

Passeava eu recentemente pelo bairro Saint-Germain, nas imediações da rua de Buci. Pensava naquele sábio chinês que, segundo Jean Grenier, ensinava a seus discípulos o "passeio perfeito", e me perguntava: seria, hoje, doce memória ou puro gozo presente, ou ainda antecipação? Passava diante do Flore, onde havia encontrado Sartre pela primeira vez, e revi a janela de seu pequeno apartamento onde, freqüentemente, eu vinha ao meio-dia discutir com ele sobre *O ser e o nada*. Os fantasmas logo se animaram. Em plena vertigem das 11 horas, tive uma espécie de alucinação. Estava diante do Café Procope. Os fantasmas lá estavam realmente. Eu os via, e entrei.

No século XVIII, no Procope, não se ousava, por temor da polícia do rei, pronunciar o nome de Espinosa, o perigoso ateu, o traidor do judaísmo, o inimigo da cristandade: chamavam-no "Monsieur de l'Être" ("Senhor Ser"). Avistei-o, estava ali, sentado numa mesinha de mármore diante de um chocolate. Encetei a conversa e, sem condescendência, com simplicidade, ele se prestou a uma espécie de entrevista que era também um pedido crítico de esclarecimentos. Nenhuma palavra era pronunciada, mas as significações eram carnalmente perceptíveis, com a evidência brilhante das imagens do sonho.

Robert Misrahi – Posso lhe dizer, Baruch Espinosa, as razões de minha admiração antes de lhe formular certas questões centrais?

Baruch Espinosa – Se eu possuísse alguns dos dons que o senhor me atribui, lhe permitiria de bom grado fazê-lo, contanto que sua única motivação seja o amor da verdade.

Robert Misrahi – O senhor representa para mim a filosofia por excelência. Com efeito, o senhor põe toda sua ontologia monista, e toda sua antropologia da consciência como desejo, a serviço da construção de uma ética; e esta, emancipada de toda transcendência, não é um outro nome da moral que buscaria *o bem*, ela é o desejo de um *verdadeiro bem*, isto é, de um modo de vida e de uma concepção da existência que conduzem à alegria perfeita (o senhor diz também *felicidade* e *beatitude*). O senhor exalta a humanidade ao tentar lhe dar os meios para sua elevação e sua realização.

B. Espinosa – O senhor percebeu bem o centro e o verdadeiro objeto de meu pensamento. [Eu estava como num sonho e, eu que falava, acreditava firmemente ouvir o próprio Espinosa. Mas talvez fosse ele...] Sou-lhe ainda mais grato visto que, com demasiada freqüência, reduziram meu trabalho a essa ontologia monista que sustento com efeito (o problema de meu *ateísmo* sendo apenas uma questão de palavras), mas que é apenas uma introdução à minha teoria do desejo em sua relação com a reflexão. Minha ontologia é apenas um trampolim para minha ética, isto é, a condição de possibilidade da transformação das paixões em ações e, por conseguinte, a condição de possibilidade da verdadeira alegria.

R. Misrahi – É precisamente a respeito das condições de possibilidade de sua ética e da ação do indivíduo sobre si próprio que percebo uma dificuldade maior. Quero falar do problema da liberdade. Como o indivíduo (que se tornará o *sábio* ao cabo de um itinerário existencial e reflexivo que poderia valer como... passeio perfeito), como este indivíduo pode decidir seu trabalho reflexivo de libertação se é, como o senhor o diz, totalmente determinado?

B. Espinosa – Fiz a crítica do *livre-arbítrio*, demasiado abstrato e hipotético. Mas toda minha ética é uma luta contra a escravidão, individual e pública. Além disso, o sábio é para mim, como o senhor sabe, *o homem livre*, e é o retrato desse homem livre que esboço no final de meu livro. Por que não lembrar esses fatos?

R. Misrahi – A isso me aplico constantemente. O fato é que o senhor não apresenta, ao que parece, a condição de possibilidade da própria construção dessa liberdade. Ao dizer que a liberdade é apenas o desdobramento de sua própria natureza, o senhor torna obscura a decisão de renovação, implicada no entanto por toda sua metodologia. De fato o senhor nos ensina a liberdade do espírito e a liberdade política, mas não nos fornece os meios *psicológicos* e existenciais dessa liberdade. Como passarmos da escravidão à liberdade se todos os nossos afetos são determinados por nossos afetos passados, à maneira das séries causais da natureza? O senhor tem razão em identificar consciência e desejo (é um dos primeiros a fazê-lo), mas não teria sido preciso propor uma descrição mais aberta do desejo, e integrar a este o poder de decidir que o senhor contesta se o chamam vontade?

B. Espinosa – Não é, na realidade, o próprio desejo da alegria que é o grande motor da ação?

R. Misrahi – Assim o entendo. Talvez faltassem à sua análise os conceitos de ruptura, de salto, de negação ativa. Teria sido preciso talvez reconhecer à consciência o poder de *começar realmente* séries temporais de ações e pensamentos. Teria também desejado interrogá-lo sobre esse pretenso misticismo de que o acusam por vezes, mas não quero abusar de seu tempo. Vou lhe fazer apenas uma última pergunta, acerca de sua linguagem. Por que essa abstração aparente? Por que essa austeridade demonstrativa que, sob aparência *geométrica*, corre o risco de virar uma espécie de *escolástica* e de afastar seus leitores mais naturais, esse grande número sedento de alegria e liberdade?

B. Espinosa – Vou lhe dizer. Aprendi com seu século que era bom situar os trabalhos e as idéias numa perspectiva histórica. Os destinatários da filosofia, outrora em pequeno número, foram durante muito tempo tributários da teologia, isto é, da escolástica; após Descartes, tentei tornar possível uma ampla difusão das idéias, assim como o desenvolvimento da idéia de democracia. Mas não tínhamos os meios para essa difusão. E sobretudo, embora eu tivesse dado um outro sentido aos termos tradicionais da teologia, faltava-me o grande público culto que me teria incitado a inventar outra língua. Enfim, continuo persuadido de que o itinerário da libertação é um longo e difícil percurso, e talvez seja esta a dificuldade simbolizada por minha linguagem. Mas não fico satisfeito com tudo isso.

R. Misrahi – O senhor estaria portanto de acordo em desejar que nossos contemporâneos (os do século XX) tentassem inventar uma nova língua filosófica, que fosse a um só tempo rigorosa e legível para o maior número dos espíritos cultos, uma língua que fosse capaz de transmitir uma reflexão e experiências sem ser por isso abusivamente técnica?

B. Espinosa – Estou inteiramente de acordo inclusive porque "pertence à minha felicidade" que o maior número alcance, ele também, a alegria e a razão. A filosofia não pode ser um puro saber desinteressado, ela só busca a verdade para tornar possíveis *o útil próprio* e a alegria específica de cada um.

Naquele instante, não sei por que vias, saí de meu torpor e dei por mim na claridade fulgurante da Pont des Arts.

COMPILADO POR ROBERT MISRAHI

ESTADO

Maneira de ser de uma coisa ou de uma pessoa considerada num dado momento (por oposição a seu devir); (com maiúscula) autoridade soberana exercendo-se sobre um povo e um território determinados.

O fim do Estado é inevitável?

DOMINIQUE LECOURT

Os cientistas políticos não acabaram de glosar a relação de ambivalência mantida pelos cidadãos franceses com seu Estado. O recente conflito dos caminhoneiros mostrou, após tantos outros, que os políticos não podiam deixar de levar isso em conta. Patrões e assalariados do setor privado entenderam-se em definitivo para aprovar a intervenção de um ministro que se desdobrou para promover e garantir um acordo rápido e durável entre as partes. Perre Legendre, em seu grande estudo sobre o centralismo da administração de nosso país, resumiu muito bem o que eu chamaria de boa vontade o paradoxo francês do Estado. Este é visto pelos cidadãos como "o inimigo comum, mas também o aliado de todos". Com toda a evidência, os atores e os pensadores da Revolução Francesa, e depois da codificação napoleônica, desempenharam papel decisivo na gênese desse paradoxo. No mesmo instante em que se apoiavam na filosofia das Luzes para dar a ilusão de fazer tábua rasa do passado, estavam na verdade se servindo de mãos cheias na tradição a que se ligava a monarquia absoluta. O Estado laicizado conservou assim secretamente um pouco do perfume do direito divino que legitimava o Estado substituído. Entregue à veneração de todos, ele constitui o alvo de todas as exigências e recriminações.

Para além da França, a questão do Estado encontra-se na ordem do dia da Europa, já que sua construção política exige, conforme os tratados devidamente assinados, abandonos de soberania por parte daqueles que com ela se comprometem. A globalização da concorrência dos capitais instala ao mesmo tempo essa questão no cerne de um verdadeiro mal-estar na civilização. Não seria o Estado uma forma de construção política doravante prescrita? Ao vermos todos os governos do planeta forçados a se inclinar diante das decisões das instâncias financeiras internacionais, temos o direito de nos interrogar sobre o futuro dessa forma, ainda que a decomposição do Império soviético tenha de repente liberado na velha Europa a aspiração à forma estatal de nacionalidades antes oprimidas. É assim a um brutal despertar da questão filosófica do Estado que somos convidados quando se acaba um século que não cessou de cultivar o sonho dogmático de um inelutável fim do Estado. Esta expressão remete a algumas fórmulas equívocas de Marx e Engels que afirmam que o comunismo — a sociedade sem classes — seria incompatível com a existência do Estado. O Estado, martelaram em seguida Lenin e Stalin, é apenas uma "máquina" cujas engrenagens são preparadas para assegurar a dominação de uma classe sobre as outras cobrindo-a com o véu de uma ideologia jurídica formalmente igualitária. A ditadura do proletariado tem portanto como fim último privá-lo de sua razão de ser ao levar ao desaparecimento das próprias classes. Um discurso mistificador argumentado construiu-se em torno dessas teses na União Soviética justo no momento em que a burocracia do Estado conhecia uma hipertrofia sem precedente, antes que o mastodonte acabasse por desabar, esgotado pela corrida armamentista.

O século que termina não cessou de cultivar o sonho de uma sociedade sem Estado. No entanto, este não é a muralha mais eficaz contra os acessos de violência destruidora que assolam o mundo?

Em sua versão anglo-saxônica, e especialmente nos Estados Unidos, o liberalismo também sempre defendeu à sua maneira senão o fim, pelo menos a supressão do Estado. A palavra de ordem "menos Estado" atingiu nosso país. Os teóricos crêem encontrar na obra de Adam Smith os elementos de uma concepção do Estado como simples instrumento a serviço da "mão invisível", postulando que ela regula silenciosamente o livre jogo das leis do mercado. Sempre sob suspeita de querer usurpar a liberdade dos indivíduos, o Estado deveria, para eles, ser fortemente contido em suas funções de segurança como polícia e vigia noturno. A reflexão da filosofia política clássica evidencia entretanto um aspecto do Estado que contesta de antemão essas concepções instrumentalistas ou funcionalistas. O economismo que hoje domina o pensamento das ciências sociais não deveria fazer com que subestimássemos sua importância. Somos tributários de Thomas Hobbes por ter sido um dos primeiros a estudar este aspecto em sua teoria da "pessoa fictícia" do soberano. A frase que se atribui a Luís XIV

A decomposição do Império soviético subitamente liberou a aspiração à forma estatal de nacionalidades antes oprimidas.

("O Estado sou eu") o diz bem: na unidade física, visível, da pessoa do soberano, quer se trate de um monarca ou de uma assembléia, realiza-se por artifício a união dos cidadãos que a ele confiam sua segurança e bem-estar. O *Leviatã* revela assim as forças propulsoras antropológicas com as quais tem de lidar essa pretensa "máquina". Espinosa, pouco suspeito de simpatia pela monarquia absoluta, concorda nesse ponto com o filósofo inglês. Define o Estado como um indivíduo que só pode existir sobre o modelo de uma pessoa, dotada de uma vontade. "O corpo do Estado, escreve ele em seu *Tratado político*, deve ser dirigido como que por uma única alma, e é por isso que a vontade da cidade deve ser considerada como a vontade de todos." E acrescenta que "as leis são a alma do Estado. Enquanto permanecerem, o Estado subsiste necessariamente. Mas as leis não podem permanecer invioladas se não estiverem sob a proteção da razão e das afecções comuns aos homens".

De Hobbes a Hegel, passando por Rousseau e Kant, a filosofia política clássica concentrou suas interrogações nesse mistério do Estado, o da alma que habita seu corpo. Uns e outros sublinharam, em sentidos diversos e até mesmo opostos, que para assegurar as funções de soberania que lhe destinam, isto é, para obter a adesão dos cidadãos e manter de pé o edifício social, ele deve dirigir-se não só à razão, mas às paixões destes. Que tal direção sempre tenha uma teatralidade muito estudada é o que atestam os faustos e as celebrações da república bem como as festas da monarquia.

O vocabulário da *nação* e da *pátria* nos indica de que peça se trata. O Estado, nisso assumindo o que foi no Ocidente o papel da Igreja, molda o devir de cada cidadão dando-lhe acesso a uma identidade balizável numa ordem genealógica que remonta a ancestrais fabulosos por ele garantidos. Na França, nossos ancestrais os gauleses... ou o rei Clóvis. Por essa oferta, a arte política toca no fundo pulsional da humanidade, nele recorta e molda em larga medida estilos de vida diferentes. Daí a carga afetiva intensa das paixões políticas que, mobilizadas pelo Estado, podem, se for o caso, cair no delírio amoroso ou assassino. Isso também se viu — ainda se vê — na própria Europa.

O Estado, tal como o conhecemos, nem sempre existiu. Sem dúvida o mundo atual nos pede para inventarmos formas novas de organização política. Mas nada seria mais grave do que esquecer, por cientificismo, as forças propulsoras antropológicas com as quais tiveram sempre de lidar os Estados modernos. Pois essas forças não desaparecerão. Toda transformação da forma estatal consistirá apenas em sua reativação conforme novas regras. E já vemos com nossos próprios olhos o preço que teríamos de pagar por uma denegação tecnocrática dessa realidade: explosões assassinas de ódio nacionalista e racista em reação ao que apareceria como um puro e simples desmantelamento; o desamparo de uma juventude que se entrega à violência destruidora (drogas incluídas) na impossibilidade de adquirir uma identidade e tornar-se *alguém*; ou ainda, por nostalgia, o efeito bumerangue do que Espinosa chamava "o ódio teológico", que talvez seja o mais feroz de todos aqueles de que é capaz o ser humano.

LEITURA SUGERIDA:

"É preciso defender a sociedade", curso de Michel Foucault no Collège de France, in *Resumo dos cursos do Collège de France (1970-1982)* (Rio de Janeiro, Jorge Zahar, 1997).

Trésor historique de l'Etat en France: l'administration classique, de Pierre Legendre (Paris, Fayard, nova edição, 1992).

Pouvoir: les génies invisibles de la cité, de Guglielmo Ferrero (Paris, Le Livre de Poche, col. Biblio-essais, 1988).

Thomas Hobbes, o maldito

De Thomas Hobbes, nascido em Westport em 1588, pode-se seguramente dizer que foi um filósofo maldito. Forçado a se exilar (em Paris, de 1640 a 1651), foi acusado de traição e de ateísmo. Leibniz designou-o como o diabo em pessoa, Descartes fustigou seus "princípios e máximas" como "muito ruins e muito perigosos", antes que fosse publicamente denunciado como impostor. Em 21 de julho de 1683, a Universidade de Oxford condenou seus dois principais livros – o *De cive* e o *Leviatã*. Os estudantes dançaram em torno das fogueiras acesas para queimá-los.

Hobbes achava-se o Galileu da ciência do Estado. "Antes de minha obra, o *De cive*, escreveu, a ciência política não existia." Vangloriava-se de ter proporcionado assim aos homens as lentes que lhes permitiriam "ver de longe as misérias que pairam sobre suas cabeças". O que causou escândalo foi primeiro a antropologia rigorosamente materialista sobre a qual fundou essa ciência. Recusou a idéia de uma alma como essência do homem e definiu a liberdade como "a ausência de todos os impedimentos que se opõem a um movimento". Assim, "a água que está presa num jarro não está livre pelo fato de que o jarro a impede de se espalhar; quando ele se quebra, ela recupera a liberdade; da mesma forma uma pessoa goza de mais ou menos liberdade conforme o espaço que lhe é dado".

O escândalo redobra quando se vê Thomas Hobbes proceder, sobre esta base, à gênese fictícia do Estado. Não porque teria "animalizado" o homem segundo a interpretação dominante da célebre fórmula que ele retomou de Plauto: "O homem é o lobo do homem." Hobbes afirmava pelo contrário a especificidade do animal humano: "Os apetites das formigas, por exemplo, são todos conformes e levam a um bem comum que em nada difere de seu bem particular." Já os homens, encontram-se por natureza num estado de guerra universal em razão das paixões que os dominam e da linguagem de que dispõem. "Enquanto vivem sem um poder comum que os mantenha todos em respeito, os homens estão nessa condição que se chama guerra, e essa guerra é guerra de todos contra todos."

Hobbes teve assim a audácia de afirmar que o estado de natureza era para o homem um estado de guerra opondo os indivíduos movidos pelo desejo de adquirir bens, poder e prestígio. Desse estado totalmente insuportável, os indivíduos só podem sair por meio da reflexão sobre sua miséria, usando da razão para construir um Estado, corpo artificial destinado a garantir a segurança de todos. Pelo pacto social, cada cidadão renuncia a seu direito de se defender ou de atacar delegando-o ao soberano. É do interesse de todos que esse poder seja absoluto e que sua força seja irresistível. Resulta, portanto, da natureza de todo poder, que ele é absoluto em virtude mesmo de sua origem.

Eis um filósofo que parte de uma concepção liberal individualista da concorrência universal para chegar à concepção mais absolutista do Estado jamais elaborada! Um filósofo que no entanto atrai contra si os raios dos partidários da monarquia absoluta porque recusa toda idéia de direito divino; um filósofo que revela por trás da concepção jurídica clássica do contrato social não o reconhecimento moral de outrem, mas a violência e o cálculo; um filósofo, enfim, segundo o qual a política seria sempre apenas a guerra prosseguida por outros meios.

Quem dirá que um pensamento tão incômodo pertence ao passado?

COMPILADO POR DOMINIQUE LECOURT

A memória é o futuro do homem?

JEAN-MICHEL BESNIER

MEMÓRIA

Atividade biológica e psíquica que permite armazenar, conservar e recuperar informações; aptidão para lembrar-se; o espírito enquanto sede das lembranças; o que resta ou restará no espírito dos homens; lembrança deixada à posteridade.

O que vale para o indivíduo pode valer sempre para a sociedade? Augusto Comte assim pensava e fundava sua "física social" sobre a suposta continuidade entre a análise dos fenômenos coletivos e o conhecimento das leis relativas à vida individual. A tentação é forte, a partir daí, de confiar aos educadores a tarefa do político ou, como Platão, de querer que os filósofos tornem-se reis, já que revelaram as condições da sabedoria individual. Mas seria de fato razoável? A história freqüentemente provou que não. As qualidades do sábio raramente resistem à prova das multidões. Por outro lado, sem valorizar demais os etólogos, o exemplo de certas sociedades animais não sugeriria o quanto a organização minuciosa que prevalece ao nível do coletivo contrasta por vezes com a desordem característica do comportamento dos indivíduos? A sociedade talvez seja um "fenômeno emergente", que deve ser abordado com outros instrumentos teóricos que não aqueles que mobilizamos para seus componentes. Nesse caso, conviria admitir como exclusivamente metafóricos os conceitos que, oriundos da psicologia ou da antropologia, quisessem se aplicar ao domínio sócio-político.

Pensemos aqui no modo como é descrito o funcionamento da Europa de amanhã, essa supra-sociedade que ainda desafia nossa imaginação política. Ela será em princípio o produto da federação de uma dezena de entidades nacionais, as quais resultam da coesão histórica e cultural de indivíduos. Quem iria, pois, aplicar-lhe, sem maiores precauções, um raciocínio por transitividade e sustentar que sua identidade será no final a soma dos sentimentos de pertencimento experimentados pelos membros que a compõem? As molas da identidade individual são suficientemente complexas para que não se vá tão rápido atribuí-las aos coletivos.

O filósofo David Hume (1711-1776) não hesitava em descrevê-la como uma "identidade fictícia", puro produto de

Para cada um de nossos projetos, solicitamos de maneira seletiva nosso passado. Acontece o mesmo com os povos que constroem a Europa?

nossa imaginação. O invidíduo nunca é, segundo ele, senão a série das percepções que o assaltam e que se acham ligadas entre si porque se assemelham ou se encadeiam de maneira causal. Essa concepção filosófica — identificada pela tradição como empirista — é naturalmente conduzida a privilegiar a memória. Se não dispuséssemos, com efeito, da faculdade de suscitar as imagens das percepções passadas e de encadeá-las com as que sentimos no presente, não poderíamos realizar a continuidade que funda o sentimento de que somos um eu.

Já os gregos haviam sacralizado a memória, na figura de Mnemosine, irmã de Cronos: erigida senhora do Tempo, a memória constituía entre eles a chave de todo conhecimento e, por conseguinte, a fonte da humanização. Possuído por Mnemosine, o poeta moldava a sociedade grega recitando infindavelmente a genealogia dos deuses e dos homens, celebrando a proveniência dos povos ou solicitando-lhes a etimologia das palavras. Assim a memória apareceu como o cimento do edifício social, a condição do vínculo geracional bem como o fiador da continuidade do mundo dos vivos e dos mortos. Nem aliança nem unidade sem ela. Eis como se viram amarrados o destino do indivíduo que seu passado constrói sem ruptura e o dos povos que sabem deixar-se afetar por sua história. Que importa no fundo a verdade das lembranças? O essencial não é que se forje o sentimento de identidade (individual ou coletiva)?

Em seu *Tratado das sensações* (1754), Condillac faz a demonstração do papel constitutivo da memória no desenvolvimento das faculdades humanas. Convencido de que o pecado original nos cortou de toda verdade divina e nos amarrou irremediavelmente ao corpo, ele recorre à ficção de uma estátua submetida a estímulos sensoriais que vão progressivamente animá-la até fazer dela "um animal capaz de cuidar de sua conservação". Por trançar a cadeia das idéias oriundas das sensações, a memória vê-se, pois, investida da responsabilidade pelo desenvolvimento do ser vivo e, por conseguinte, pela consciência de si. Ela tece o eu, como diz o filósofo americano Dan Dennett, autorizando a narração que cada um pode efetuar a partir da trama de suas impressões ou idéias. Consegue dessa maneira que um organismo sinta-se como uma identidade distinta, protegida contra o que não seja ela graças ao tecido das palavras que a envolve.

A memória não é o simples receptáculo das lembranças estocadas e arquivadas pelo cérebro dos povos.

Imaginemos então que o modelo dessa memória criadora da individualidade pensante e atuante seja transferido para os coletivos. Suponhamos assim que toda sociedade — desde a aldeia até os Estados nacionais — possa se assemelhar a um eu ampliado, fator de proteção, centro de gravidade existencial e lugar de reconhecimento. Quando se sustenta por exemplo que não há melhor maneira de fundar a Europa política e econômica do que solicitar a memória coletiva de seus povos, não se estaria antes exprimindo essa teoria de uma identidade construída sobre a base de representações de início caóticas e que progressivamente se estabilizam, à mercê dos relatos que fazem cultura? A memória não é o simples receptáculo das lembranças estocadas e arquivadas pelo cérebro dos povos. Assim considerada, talvez explicasse a construção das identidades mas de modo algum a resistência destas à prova do tempo nem a abertura sobre o futuro que define a vida individual e coletiva. A comemoração nunca é prospectiva: o que se ganharia lembrando que a Europa deve sua existência à ruína da cidade grega, à destruição do templo de Jerusalém e à queda do Império Romano? Não se fará a unidade justapondo os símbolos do passado comum das nações, a não ser que se atente para o poder de reestruturação continuada que ele traduz. Talvez seja o caso então de incentivar o cruzamento das histórias, a circulação dos relatos e até a ficção das identidades. À maneira do eu descrito pelos filósofos empiristas, cada sociedade aparece como um foco de impressões e representações, um misto de realidades e fantasias, a se emaranharem, se engavetarem, agirem juntas e se coordenarem numa memória coletiva. Nem todo o passado passa seguramente. Emerge apenas aquele de que o presente vivo tem necessidade, igual ao invidíduo que retém primeiro as lembranças que reavivam suas impressões do momento e que garantem seu sentimento de ser único.

Nada de Europa, portanto, sem um projeto que mobilize de maneira seletiva o passado dos povos. A cultura européia só resistirá caso disponha de fronteiras móveis. A inteligência dos povos desejosos de nelas se reconhecer mede-se menos pelo capital de lembranças que poderiam depositar na comunidade do que pelo domínio que têm das estratégias para solicitar sua história singular, à mercê das urgências do presente. Essa virtude da *metamemória* é ainda a que melhor pode realizar o sentimento de unidade, esta ilusão necessária à sobrevivência que o filósofo hoje está tentado a descrever com as palavras do neurobiólogo: a memória estabiliza conexões sinápticas numa rede neuronal mais ou menos extensa. Por que seria então abusivo imaginar que a memória coletiva obedeceria às leis desse equilíbrio móvel, nutrido das solicitações mais diversificadas? O modelo de explicação da memória individual e de seu papel na constituição da identidade ditaria assim uma alternativa para a Europa: ser o lugar de uma memória congelada ou então o cadinho de todos os passados, a gaiola onde adejam as lembranças dos povos ou então o caldeirão de onde emergirá a memória do futuro...

LEITURA SUGERIDA:

Segunda consideração extemporânea: "Da utilidade e desvantagem da história para a vida", de Friedrich Nietzsche (in Os Pensadores, São Paulo, Abril Cultural, 3ª ed., 1983).

A razão na história, de Friedrich Hegel (Paris, 10/18, 1976).

Tratado da natureza humana, de David Hume (Paris, Aubier, 1971).

Nietzsche, o inspirador

Podemos morrer por excesso de memória. No fim do século passado, Nietzsche tentara convencer seus contemporâneos: recusem, portanto, "nascer com os cabelos grisalhos", dizia-lhes, citando Hesíodo; não creiam na velhice da humanidade mas se esforcem, ao contrário, em imaginar que ela está sempre na flor da idade. O sentido da memória não passa afinal de um "vício hipertrofiado", sintoma dessa doença moderna que Nietzsche chamava "niilismo". "Se há excesso de história, a vida se esboroa e se desagrega, mas em razão dessa degenerescência a história também se esboroa e se desagrega" ("Segunda consideração extemporânea", 1873). Entregamo-nos imoderadamente à história quando o futuro já perdeu todo atrativo. Na verdade, Nietzsche tinha muito o que fazer com sua época. Hegel acabava de legar à posteridade um sistema filosófico que demonstrava o fim da história: nada de novo deveria mais surpreender os homens. O real revelava-se integralmente racional e a razão encarnava-se por inteiro na realidade. Não restava mais aos homens senão gerir o *status quo* ou então escrever a história que fez advir o "saber absoluto" descrito pelo sistema hegeliano. Ser funcionário a serviço do Estado racional – e em breve, da humanidade planetária – ou então ser historiador dos "hábitos de toupeira": Hegel não deixava outra perspectiva.

Eis por isso que a diatribe de Nietzsche contra os adoradores da memória coletiva é tão violenta: mas não são eles então criminosos, aqueles que queriam que nunca estivéssemos quites com o passado? Matam o apetite de viver, arruínam os valores e os ideais, forçam a aceitar o inaceitável. Seu cinismo os incita a usufruir de si mesmos como uma fatalidade. "A sensação de profundo bem-estar que a árvore sente subir de suas raízes, o prazer de saber que não somos um ser puramente arbitrário e fortuito, mas que somos oriundos de todo um passado de que somos o herdeiro, a flor e o fruto, e que estamos por essa razão desculpados, até mesmo justificados por sermos o que somos, eis o que podemos chamar nos dias de hoje de o verdadeiro sentido histórico" ("Segunda consideração extemporânea").

De tanto sentirmos assim nosso enraizamento, de tanto celebrarmos as fontes de nossa identidade presente, acabamos por não mais nos espantar com nada, por não mais buscar e por perder o sentido da busca do diferente. Quando não é só assunto do míope enterrado em sua biblioteca – "que vive destruindo, admira devorando, adora digerindo" ("Primeira consideração extemporânea") –, a cultura torna-se essa "roupa de arlequim" que justapõe e homogeneíza as idéias e os acontecimentos, as obras e as opiniões. Nada a ver com a unidade de estilo que se deveria manifestar, segundo Nietzsche, em todas as atividades de uma nação.

Contra essa desagregação ligada à incapacidade de esquecer ou de selecionar no passado o que serviria a ação, Nietzsche acabou por reclamar a invenção do "mito do futuro" e a redescoberta do sentido da irresponsabilidade que Heráclito atribuía às crianças. Sabemos que a injunção foi infelizmente recuperada pela ideologia nacional-socialista, que associou Nietzsche à sua política de tábula rasa. "À falta de mito, escrevia Nietzsche, toda civilização perde o saudável vigor que lhe vem da natureza; só um horizonte circunscrito por mitos confere sua unidade a uma civilização" (*Nascimento da tragédia*, 1872). Haveria meios, hoje, de acolher esta mensagem de outra maneira que não como um convite à amnésia sistemática?

Compilado por Jean-Michel Besnier

RAZÃO

Faculdade própria ao homem, que lhe permite conhecer, julgar e agir; conjunto dos princípios de pensar que permitem bem julgar; conhecimento natural (oposto ao que vem da revelação ou da fé); sistema de princípios a priori que regula o pensamento (oposto à experiência); o que é conforme à justiça, à eqüidade; juízo de acordo com os fatos.

Estamos perdendo a razão?

GIANNI VATTIMO

O século XX não é um século irracional. Começou, é verdade, com uma revolta contra a razão, sinônimo de agregação de todas as diferenças numa totalidade, mas uma totalidade ainda praticamente reduzida, em Hegel, ao estágio de simples pensamento — embora já se encarnando, para ele, no Estado; daí a imagem de Hegel como zelador-filósofo do Estado prussiano, o que talvez não fosse. Ora, essa revolta tomou, ao longo do século, proporções endêmicas porque, durante esse tempo, a organização racional da realidade se revestiu de um aspecto nitidamente mais concreto do que uma proposição filosófica. O que desmente a racionalidade hegeliana é precisamente o fato de ela ter-se realizado, tanto no plano dos princípios quanto no dos fatos, na organização da sociedade industrial, que começa a desenhar-se maciçamente por volta da Primeira Guerra Mundial, principalmente por causa da demanda de produção nascida daquele conflito.

O que se pode chamar, com razão, o "espírito de vanguarda", que inspirou tantos movimentos artísticos do início do século e sua alma expressionista comum, é uma revolta contra a razão tomada como racionalidade social essencialmente totalitária. Até as filosofias do início do século XX são irracionalistas a esse respeito: não só o existencialismo (Jaspers, Heidegger), mas também a fenomenologia de Husserl e a lógica particular das ciências humanas e da história (Dilthey) procedem com o mesmo espírito. Por sua vez, as filosofias que parecem mais fiéis ao ideal da ciência rigorosa, como aquelas que se concentram na lógica e no funcionamento da linguagem, professam uma visão da realidade que nada tem de racionalista, longe disso. A proposição conclusiva do *Tractatus logico-philosophicus* de Wittgenstein (1921): "Sobre aquilo que não se pode falar, deve-se calar", não é absolutamente um convite a se limitar à ciência positiva, é antes uma forma de legitimação paradoxal

A oposição racional/irracional afirmada no começo do século se atenuou em benefício de uma racionalidade plural. Mas todo mundo pode ter razão?

de experiências que não se deixam formular em linguagem fisicalista — a começar pela da religião, tão importante na vida de Wittgenstein.

Mas se o século começa assim, ele acaba em termos inteiramente diferentes, no que se refere ao conflito entre a razão e o irracionalismo. Melhor, pode-se até considerar a história da filosofia do século XX como um enfraquecimento progressivo da oposição entre racional e irracional. Em todo caso, os racionalistas mais fortes e mais peremptórios do século não foram as filosofias cientificistas, mas as ideologias totalitárias e, antes de tudo, o marxismo. Exemplar a esse respeito é *A destruição da razão* de Lukács (1954), texto em que ainda domina amplamente a idéia de opor às vanguardas do início do século uma forma de hegelianismo purificado pela idéia da revolução proletária, supostamente capaz de conferir legitimidade à nova sociedade livre de toda alienação. Mas com o fim dos "metarrelatos" (o termo é de Lyotard), a imagem da racionalidade, contra a qual se revoltara a vanguarda do início do século, se obscurece. Vai resistir apenas no espírito dos críticos da sociedade de massas, como Adorno e Heidegger, que assimilam a sociedade de consumo e de comunicação generalizada ao totalitarismo comunista ou nazista. Porém, não são apenas os desenvolvimentos dessas teorias, mas precisamente a expansão da sociedade de consumo, da comunicação, e a afirmação do pluralismo cultural pós-moderno que tornam possível o enfraquecimento do conflito razão/anti-razão, que é doravante o sentido do avanço intelectual do século XX.

Aqui também, como no início do século, a teoria acompanha e comenta um conjunto de grandes transformações políticas e sociais: tratava-se então da racionalização da sociedade industrial vista como ameaça totalitária; trata-se agora do fim do colonialismo cultural e da pluralização efetiva da cultura. A antropologia estruturalista havia antecipado tudo isso ao nos ensinar a considerar as culturas como formas de organização racional das diversas sociedades humanas dotadas de uma lógica interna, que não podiam portanto ser organizadas de acordo com um esquema evolutivo — da barbárie à civilização, da irracionalidade à razão — culminando na racionalidade da

Os racionalismos mais arrogantes não são as filosofias cientificistas, mas as ideologias totalitárias.

modernidade ocidental. As culturas têm suas razões que a razão (ocidental, metafísica) desconhece — poder-se-ia dizer parafraseando Pascal. Ao tomar tantas vias políticas e teóricas, o conflito razão/anti-razão, que inaugurara nosso século, diluiu-se no pluralismo, babélico seguramente, da pós-modernidade.

Mas a razão não é busca da unidade? Para Aristóteles, o sábio era aquele que sabe tudo e, não podendo evidentemente tudo saber de maneira analítica, deve entender as causas supremas e os princípios primeiros do ser. Hegel permaneceu fiel a essa idéia de unidade, considerando a razão como a faculdade de superação e de recomposição dos conflitos na suprema síntese dialética do Espírito absoluto. Mas, para ele, era difícil que essa unidade se realizasse realmente como ato de pensamento individual (não é verdade que Hegel se achasse Deus, no fundo). Ainda que se revoltando contra ele, o século XX perseguiu esta possibilidade do pensamento de Hegel: a racionalidade não é própria de um espírito individual, mesmo que seja sempre pelo trabalho do pensamento que dela nos *apropriemos*. É, pelo contrário, um trabalho que necessita da colaboração dos outros sujeitos e que, justamente por reconhecer suas (boas) razões, não pode mais referir-se a uma Razão que prestaria contas de tudo.

Pluralismo não é por isso sinônimo de irracionalismo puro e simples. O esgotamento das pretensões totalizantes de uma razão única tomou várias formas, que são todas indicações para escolhas, valores, juízos. O sábio, que era para Aristóteles aquele que sabe os princípios primeiros, não se transformou simplesmente num cético indiferente, para quem tudo é igualmente verdadeiro e falso a um só tempo. A capacidade de viver numa racionalidade plural é coisa bem diferente, e disso só temos por enquanto uma vaga idéia. Mas sabemos pelo menos que o sábio pós-moderno deveria ser alguém que percorreu uma longa estrada para deixar atrás de si o mito da verdade última e definitiva — a um só tempo tranqüilizador e ameaçador, como um pai severo e protetor —, descobrindo em contrapartida o valor do amor (por exemplo, certos filósofos pós-analíticos falam hoje de um "princípio de caridade"). A multiplicação atual dos fundamentalismos nada tem a ver com o enfraquecimento do ideal filosófico de racionalidade. É pelo contrário uma regressão neurótica do universalismo da razão totalitária ao particularismo da família, do bando, da etnia, da confissão religiosa. O enfraquecimento da concepção filosófica da racionalidade é talvez hoje o único antídoto para essa deriva; mas como os filósofos não têm outras armas a não ser as da crítica, trata-se de um antídoto que não produzirá efeito facilmente.

Leitura Sugerida:

L'Irrationnel, de Gilles-Gaston Granger (Paris, Odile Jacob, 1998).

A tort et à raison, de Henri Atlan (Paris, Seuil, col. Points Sciences, 1994).

Tractatus logico-philosophicus, de Ludwig Wittgenstein (São Paulo, Edusp, 1993).

Hegel ou a Razão em marcha

Seria a razão uma faculdade propriamente humana que permitiria distinguir o verdadeiro do falso? Para Friedrich Hegel, é bem mais do que isso. Seu outro nome é Deus ou o Absoluto. Mas não um deus fora do mundo e ao abrigo do tempo. O Absoluto que é a Razão realiza-se ao se encarnar nas ações dos homens. "A única idéia trazida pela filosofia é a simples idéia da Razão, a idéia de que a Razão governa o mundo e que, por conseguinte, a história universal também se desenrolou racionalmente. [...] A Razão é a substância, isto é, aquilo por que e em que toda realidade encontra seu ser e sua consistência. Ela é a infinita potência; não é impotência a ponto de ser apenas um ideal, um simples dever-ser que não existiria na realidade, mas se encontraria não se sabe onde, por exemplo na cabeça de alguns homens. [...] É preciso trazer à história a fé e a idéia de que o mundo do querer não está entregue ao acaso. Um fim último domina a vida dos povos; a Razão está presente na história universal – não a razão subjetiva e particular, mas a Razão divina, absoluta."

Entretanto, se abrirmos um livro de história, não é a Razão e, logo, a preocupação pelo universal que parecem motivar as ações dos indivíduos, mas os interesses pessoais, egoístas, as paixões... "Para que eu faça de algo uma obra, é preciso que por ela esteja interessado, devo dela participar e quero que a execução me satisfaça, que me interesse. [...] Dizemos, portanto, que nada foi feito sem ser sustentado pelo interesse daqueles que para isso colaboraram. Esse interesse, chamamo-lo paixão quando, recalcando todos os outros interesses ou alvos, a individualidade por inteiro projeta-se sobre um objetivo com todas as fibras interiores de seu querer e concentra nesse alvo todas as suas forças e todas as suas necessidades. Nesse sentido, podemos dizer que nada de grande se realizou no mundo sem paixão."

A Razão em marcha na história serve-se portanto das paixões individuais para triunfar. Nisso ela é bem "astuta"! "Resulta das ações dos homens algo diferente do que projetaram e alcançaram, do que sabem e querem imediatamente. Eles realizam seus interesses, mas ocorre ao mesmo tempo alguma outra coisa que ali está escondida, de que suas consciências não se davam conta, e que não penetrava em sua visão.

Um exemplo? "É César em perigo de perder a posição a que tinha galgado e sucumbir sob o golpe dos inimigos. [...] César combateu-os levado pelo mero interesse de assegurar sua posição, sua honra, sua segurança e os venceu. Ora, na medida em que seus inimigos eram os senhores das províncias do Império Romano, sua vitória sobre eles foi ao mesmo tempo uma conquista da totalidade do Império: tornou-se assim, sem tocar na forma da constituição, o senhor individual do Estado. Ora, o poder único em Roma que lhe conferiu a realização de seu objetivo à primeira vista negativo era ao mesmo tempo uma determinação necessária na história de Roma e na história do mundo.

COMPILADO POR NATHALIE ZAMORA

(Todas as citações são extraídas de *A razão na história*, de Hegel.)

AÇÃO

Aquilo que alguém faz e aquilo por que realiza uma intenção ou um impulso; ato encarado do ponto de vista de seu valor moral; movimento coletivo organizado em vista de um efeito particular; conjunto dos acontecimentos de um relato, de um drama, considerados em sua progressão.

A ação nasce sempre da reflexão?

MICHEL MEYER

Passar ao ato consiste, geralmente, em pôr em prática a resposta mais adequada a um problema dado. A racionalidade reside na adequação da *solução* ao problema. Os meios utilizados para a isso se chegar fazem parte da *resolução.* Um homem resolvido é um homem disposto a fazer uso dos meios que convêm para atingir seu objetivo, isto é, a solução de seu problema. A ação é tecida por uma multiplicidade de atos, e convém não confundir uma com as outras: cada dia é feito de mil e um pequenos gestos, que sustentam alvos mais longínquos e mais essenciais, implícitos ou explícitos. Aqui termina a psicologia ou a sociologia, e começa a filosofia: quais são os problemas últimos, irredutíveis, que fazem agir os homens? A relação consigo próprio, a relação com o outro e a relação com as coisas constituem as questões mais fundamentais que existem e que preocupam a todos, quem quer que sejamos.

Como pode o filósofo abordar estas questões? Não se pode a isso responder da mesma maneira que um cientista resolve seus problemas. Para ele, as questões desaparecem uma vez resolvidas, e é dessa maneira que a ciência progride. Em filosofia, ao contrário, o alvo do responder é elaborar, conceber e conceituar as questões. A cada época retoma-se com um novo custo as *velhas* questões. É por essa razão que a filosofia nutre-se de seu passado, sem esperança de resolver de uma vez por todas questões como as da liberdade, da vida e da morte, ou da ação. Se o questionamento reaparece a cada resposta, é porque a filosofia é questionamento e, além do mais, radical.

Provavelmente objetar-se-á que a filosofia, apesar de ter de fato praticado o questionamento radical desde Sócrates, nem por isso o tematizou. Esforçou-se em responder como as outras ciências, e até em ser uma ciência por inteiro. É preciso dizer que os homens não gostam muito do que é problemático e preferem as certezas. Pensemos um instante na etimologia da

Antes de agir, convém avaliar adequada e abertamente o problema a resolver. Caso contrário o homem não ficaria relegado ao nível de um animal?

palavra "problema": era a pedra atirada no meio de uma estrada a fim de parar os viajantes que se queria assaltar. Daí a associação do problema e do obstáculo: ter problemas é ter aborrecimentos. Ora, está bem claro que a formulação de um problema, em ciência, mas também na vida cotidiana, é a primeira etapa de sua resolução. Longe de ser um obstáculo para o pensamento como para a ação, a problematização constitui sua primeira mola. Mas disso só nos damos conta pouco a pouco. Deve-se dizer que, desde o século XIX, a problematicidade geral dos valores atingiu os fundamentos tanto da ação como do pensamento. Este não pode mais se apoiar nem no Ser, caro aos gregos, que se tornou um conceito "vazio", como diz Heidegger, nem na consciência do sujeito, tão cara à filosofia desde Descartes, porque há o inconsciente que predomina (Freud), a história que nos determina (Marx), e porque o motor metafísico ou religioso que afirmamos estarem no fundamento da ação são percebidos como ilusões metafísicas (Nietzsche).

Quando tudo se torna problemático, o responder vacila sobre suas bases, tornando toda resposta oponível a uma ou a várias outras, e mais nenhum responder é então possível, o que abandona o pensamento ao incerto por ele temido. Uma problematicidade que o responder nem mesmo pode enunciar sem cessar de ser, já que ele se enraíza em sua eliminação. Nada mais resta então a dizer a não ser que não se pode mais nada dizer, o que abre caminho para a constatação segundo a qual toda ação tornou-se absurda. Numa palavra, isso se chama niilismo. Mas o século XX não terá feito apenas abandonar-se à confrontação com o indizível; terá também buscado dela sair imitando as ciências que, no caso, respondem. A seu modo igualmente, o positivismo e o neopositivismo marcaram em seguida nosso século findante. O positivismo e o niilismo têm isto de comum que seu questionamento permanece não teorizado e associado a uma conotação negativa do que é um problema. Não é mais assim que acontece hoje, e podemos acrescentar que, se *quisermos* realmente sair dos velhos dilemas, será preciso não só voltar ao questionamento radical mas ainda analisá-lo em si.

Ao fim de uma vida como a cada instante, o homem é confrontado com o que ele é, com o que tem de fazer e com o que as coisas são.

Ao questionar o questionamento, o questionador descobre-se num mundo, em meio a outros que lhe respondem ou não, que o interpelam implicitamente por sua existência ou explicitamente pelas mil e uma questões da vida cotidiana. Em suma, a estrutura de base do questionamento é dada pela relação: o eu, o outro, o mundo ou as coisas. São as questões últimas da filosofia, aquelas contra as quais acaba por se chocar todo pensamento, toda interrogação. Alguns verão nessas três questões a fonte das três *Críticas* de Kant ou o fio condutor das três partes do *Tratado sobre a natureza humana* de Hume: o entendimento (ou o mundo), as paixões (ou o eu), a moral (ou o outro), vistos cada vez a partir do sujeito. Daí três grandes tipos de ação moral, que correspondem cada uma a uma filosofia nacional.

A moral do eu é uma moral dos direitos humanos, que definem de modo inalienável o eu e que o poder não pode infringir, seja ele qual for. Sabe-se que essa filosofia, oriunda dos legistas do Renascimento e dos pensadores do Iluminismo, determinou sobremaneira o pensamento francês, de Voltaire a Sartre e a Foucault. Ao lado dessa moral do eu, encontramos um outro tipo de pensamento que enraíza a ação não nos direitos, mas nos deveres para com o outro, definindo com isso os imperativos absolutos aos quais toda ação deve conformar-se. O pensamento alemão, oriundo de Lutero e imortalizado por Kant, corresponde a essa moral definida a partir do outro. Resta enfim o pensamento anglo-saxão, cuja especificidade é ser centrado nas coisas, na utilidade destas, logo no interesse e no mérito: o utilitarismo preocupa-se essencialmente com a justa retribuição. Agimos no mundo e nele devemos encontrar nossa justa parte para que o conjunto funcione. Três grandes maneiras de filosofar, que encontram cada uma seu eco nas duas outras já que, por exemplo, os deveres que temos vão definir os direitos do outro, e reciprocamente. Mas o enraizamento aqui e ali é diferente apesar de tudo, e são essas diferenças que fazem com que agir não signifique forçosamente a mesma coisa aqui ou ali.

O homem sempre se formula essas três questões e, ainda que não o faça explicitamente, elas o trabalham de fato, em profundidade. Ao fim de uma vida como a cada instante, ele é confrontado com o que ele é, com o que tem de fazer e com o que são as coisas. Os três problemas se misturam, e a ação, caso esteja subordinada à existência do outro, enraíza-se num mundo de coisas como no cuidado de si. O que foi chamado ação, diz Hannah Arendt, encobre na realidade três problemas diferentes: há a ação propriamente dita, em que se faz algo na cidade. Deparamo-nos com os outros e com seus juízos: há ações nobres, grandes feitos, como há ações baixas. Agir é responder à presença do outro, a seus problemas, ao problema que ele tem e que nos interpela na medida em que vivemos com ele, às vezes sem conhecê-lo. Mas o eu está algumas vezes implicado num agir onde ele busca somente exprimir-se, como se fosse em definitivo seu próprio objeto: é a obra. Finalmente, há a relação com o mundo, que faz do agir um trabalho. A ação *stricto sensu* fica assim restrita ao domínio político, como o trabalho ao econômico e a obra ao psicológico.

Se cada um está engajado nessa tripla relação, com o eu, com o mundo e com os outros, é bem sabido que a sociedade indo-européia dividiu-se dando ênfase à especialização dessas três funções. A identidade é conferida ao grupo, entre outras coisas, através da religião: por causa dos intelectuais. A relação com o outro, porque se encarna numa estrutura de poderes, foi definida pela classe dos guerreiros. Quanto à última questão, ela permanece nas mãos dos trabalhadores. O eu, o outro, as coisas; o intelectual, o nobre e o povo; ou ainda: o saber, o poder e o ter. Os gregos teriam separado isso em *ethos, pathos, logos.* O intelectual legitima uma ordem das coisas que é a justa ordem; daí o *ethos* (para a ética). O poder se exerce sobre outrem e é suportado; daí o *pathos* (para a paixão, o que se suporta). Quanto ao comércio com o mundo, ele exige uma visão do que são as coisas; isso dará origem ao *logos,* que nasce em oposição ao *mythos,* onde tudo se explicava pelos grandes feitos dos guerreiros, ao passo que o pensamento racional, que trabalha com a natureza e nela busca os princípios explicativos, nasce com a democracia ateniense.

A ação só é possível caso o homem se desprenda da natureza, vença o reinado da necessidade e da carência biológica. Não conseguindo, deve humanizá-la e dominá-la ao máximo fazendo como se, ao contrário do animal e *a fortiori* da planta, pudesse resolvê-la brincando. Vestirá portanto seu corpo, elaborar-lhe-á as carências, que até transformará. O prazer é apenas essa inversão da necessidade em recurso: a exigência de se nutrir se transformará em culinária; a de se reproduzir, em amor; a de se proteger contra o frio ou o calor, em vestuário, até mesmo em moda. Em suma, graças a esse recalque, a esse deslocamento do natural nele, o homem ganha em liberdade, isto é, liberdade de agir para ir rumo a outros fins que aqueles destinados por sua constituição biológica. Poderá construir, criar, vencer os constrangimentos e superar as necessidades, o bastante em todo caso para imaginar um outro objetivo que não o de satisfazê-las. É nesse espaço de liberdade que a ação se inscreve. Agir, para o homem, significa realizar-se e poder fazer outra coisa que sobreviver. A ação e a liberdade fazem-se eco: privar alguém de sua liberdade é impedi-lo de agir e fazê-lo regredir à animalidade, onde apenas as carências corporais contam. O que os regimes totalitários, com seus campos, prisões e salas de tortura, entenderam bem.

Os homens, ao se desvincularem da natureza, inventaram a cultura, logo a história: o que lhes acontece não é mais forçado pelo biológico, ainda que este último acabe sempre por carregar o corpo vivo. Nesse meio tempo, a história se faz, acontece em resposta a esse constrangimento e pelo recalque deste. O *eu*, o *mundo* e o *outro* nos remetem assim respectivamente ao *desejo*, à *carência* e à *demanda*. Retomemos. O desejo, porque desejo de ser e de perseverar, do qual a sexualidade é a expressão biológica de base, e o orgulho a expressão psicológica. Quem não se sente lisonjeado em agradar e seduzir? A relação com o mundo exprime a carência e visa o amor. A relação com o outro, por sua vez, é demanda porque dependência, e a resposta é a dominação, que se exprime pelo gosto do poder. Luxúria, cupidez e orgulho formam assim a trama do pecado original para os cristãos porque mergulham o homem bem junto da natureza, ao invés de dela liberá-lo para outros fins. Entra-se aí no domínio do espírito, cuja finalidade última foi chamada Deus. Isso explica que o clero deva fazer voto de pobreza, de castidade e de humildade.

Seja como for, as paixões que compõem o pecado original entravam o homem em sua liberdade. A natureza humana não é humana o bastante, e o natural, sempre prestes a ressurgir, jorra novamente. A ação visa libertar os homens de tais determinismos, e é sabido que a filosofia tem isto de específico: ela argumenta suas respostas, sem dogma nem fé, em favor de outros fins que o poder, a riqueza ou o prazer, sem por isso condená-los. O homem que agisse *apenas* em função de um desses três objetivos (até mesmo de todos) não escolheria realmente seus fins, estaria apenas seguindo sua natureza inscrevendo-a no contexto histórico que define os meios disponíveis para a eles chegar aqui e agora. Longe de se interrogar, já teria a maioria das respostas. Seu único problema é então encontrar os meios adequados e agarrar as oportunidades. Tal passividade diminui a ação — sem impedir a agitação — porque afeta a interrogação que o homem traz em si próprio e sobre si próprio. Se não logramos resolver a querela do determinismo e da liberdade, é simplesmente porque um é o reverso da outra e que podemos considerar o determinismo como uma modalidade variável da liberdade, ou inversamente.

O peso dado por uma cultura — e o Ocidente é nesse sentido mais *ativo*, menos fatalista que o Oriente — ao indivíduo faz deste a sede da ação (e da responsabilidade que a acompanha) porque ele tem de se interrogar sobre o que quer, pode e deve fazer. Mas quando as balizas desabam, e essa interrogação não mais remete a respostas adquiridas, ensinadas ou aceitas, a interrogação impõe-se como irredutível, obrigando o homem a se interrogar sobre esse fato novo e a tomar consciência de sua problematicidade e de sua indeterminação fundamental, que nenhuma sociedade pode preencher de uma vez por todas. É a essa interrogação da interrogatividade que o estado do pensamento contemporâneo, nisso fiel reflexo da história, nos convida como a um novo ponto de partida filosófico.

LEITURA SUGERIDA:

A condição humana, de Hannah Arendt (Rio de Janeiro, Forense Universitária).

Matéria e memória, de Henri Bergson (São Paulo, Martins Fontes, col. Tópicos).

Vérité et méthode, de Hans-Georg Gadamer (Paris, Seuil, 1996).

A hesitação de Arjuna

Os setecentos e um versículos do *Bhagavad Gita* contêm o núcleo filosófico da epopéia clássica do *Mahabharata*, um dos grandes textos sagrados da Índia védica, que conta, em cerca de cem mil versículos, a rivalidade entre duas linhagens de primos numa família real. De um lado os cinco irmãos Pandava, virtuosos e valentes. Do outro os cem irmãos Kaurava, imorais e viciosos.

Duryodhana, o primogênito dos Kaurava, invejoso da riqueza e do renome dos Pandava, convida Yudhisthira, o primogênito dos Pandava, para jogar dados, e ganha trapaceando. Como prêmio por sua vitória, conclui com os Pandava um acordo que os despoja de todos os bens. Os cinco irmãos viverão exilados com a mulher Draupadi durante treze anos. Durante esse tempo, Duryodhana reinará sobre o país. Ao final dos treze anos, se os Pandava tiverem respeitado o pacto e cumprido seu exílio, retomarão posse do reino. Os Pandava cumprem a pena e reclamam o devido, mas Duryodhana recusa-se a honrar o tratado. Os dois lados preparam-se para a guerra.

Arjuna, um dos Pandava, dirige-se a Krishna, seu amigo de infância, para pedir-lhe ajuda. Duryodhana toma a mesma iniciativa, e Krishna propõe ajudar os dois. Os Kaurava contarão com seu poderoso exército e os Pandava terão a seu lado o próprio Krishna, mas sozinho e sem armas. Na véspera da batalha, Arjuna está a postos em seu carro, pronto para o combate. A seu pedido, Krishna serve-lhe de cocheiro. Arjuna lhe pede para conduzir o carro para a planície, entre os dois exércitos: de um lado, os Pandava que o esperam; do outro, os Kaurava, às centenas, a lustrarem as armas. No meio deles, Arjuna avista seu mestre, Dronacarya, seu avô Bhisma, amigos e parentes. E de repente, seu coração fraqueja. O grande guerreiro não pode mais combater, pois a presença de seus próximos nas fileiras inimigas o transtorna. Deve, pois, para fazer triunfar o bem e a justiça, lutar contra aqueles que ama, arriscando-se a matá-los? Pousa o arco e as flechas e vira-se para Krishna a fim de interrogá-lo. Seu desatino é absoluto, e é esse absoluto, esse desespero total, que permite a Krishna ensinar-lhe a sabedoria suprema. Entre o soldado e o *avatara*, um diálogo se inicia, que constitui o próprio texto do *Bhagavad Gita*.

Para nós, que cultuamos a ação e seus benefícios, é muito instrutivo aprender que o *Bhagavad Gita*, o coração do Vedanta, a mais antiga filosofia da Índia, consiste essencialmente numa meditação sobre a ação. Por que agir? Como agir? Em que estado de espírito? Com que fim? São esses os temas da discussão que se inicia entre Arjuna, que imaginamos prostrado na areia, ao lado do carro, e Krishna em majestade, de pé diante dele, pois deve ter deixado o assento mas com certeza não soltou os cavalos. "Aquele que vê a inação na ação e a ação na inação é um sábio entre os homens... Aquele cujos empreendimentos são imunes aos desejos e esperanças, e cujas ações se consomem no fogo do conhecimento, este é um sábio. Tendo renunciado aos frutos da ação, sempre satisfeito e independente, embora esteja engajado na ação, não age. Satisfeito com o que lhe acontece, eleva-se para além dos pares de contrários, livre de toda inveja, equânime no êxito e no fracasso; agindo, não fica preso a seus atos. Aquele que é sem vínculo, liberado, o espírito estabelecido no conhecimento, quando age no espírito do sacrifício, toda sua ação se dissolve..."[1]

É a leitura simbólica, como sempre, que dá ao texto sua coerência. Por que Arjuna deve combater aqueles que ama? Porque um amigo e um inimigo em nós se combatem. Os Pandava e os Kaurava representam nossas pulsões contraditórias. A guerra civil entre eles simboliza o conflito entre forças positivas e forças negativas no interior de cada ser humano. O carro e os cavalos representam o corpo e os órgãos dos sentidos; as rédeas, o espírito; e o cocheiro representa a consciência. O passageiro é o indivíduo. Se o cocheiro adormece, as rédeas ficam muito frouxas e os cavalos disparam. O sábio é aquele que se eleva acima de seu engajamento nas forças positivas ou negativas do mundo. Arjuna parte para o combate, convocado para essa guerra santa onde é o único implicado, mas nada espera dessa ação a não ser vencer-se a si mesmo. Até o dia em que, como diz o poeta (René Daumal), "uma paz encouraçada por trovões reinar na câmara do eterno vencedor."

Ação é vida. Enquanto uma pessoa estiver viva, estará agindo. Qual é, então, segundo o *Gita*, a diferença entre as ações do sábio e as de uma pessoa ordinária? Uma única coisa: a atitude quanto aos resultados. O sábio nada espera para si mesmo de seu ato. Nunca esquece que o mundo é uma cena, uma miragem. Por isso, tal um sonhador lúcido, ao mesmo tempo em que age, não age.

COMPILADO POR CATHERINE DAVID

1. *Bhagavad Gita*, canto IV, versículos 18 a 23.

LIBERDADE

Situação de uma pessoa que não está sob a dependência absoluta de alguém; estado de quem não é prisioneiro; possibilidade de agir, de pensar, de se exprimir sem constrangimento; estado do homem que se governa segundo sua razão.

Somos dignos de ser livres?

CHANTAL THOMAS

Tentando imaginar a existência de uma irmã de Shakespeare tão dotada quanto o irmão e que, levada por uma inspiração irresistível, teria desobedecido à família, dito não aos projetos de casamento, a seu futuro conjugal e materno de mulher do lar, que teria vindo medir-se com a capital, enfrentar os diretores de teatro para lhes propor suas peças, Virginia Woolf se convence da radical impossibilidade de tal aventura. Uma impossibilidade física e mental. A jovem, a supor que não tivesse esgotado toda a energia no conflito com os pais (que, se resistisse, podiam relegá-la a um convento, encerrá-la para sempre), não teria sobrevivido às dificuldades insuperáveis, ao escândalo de viajar e morar só. Achar um quarto, entrar num albergue, ganhar a vida eram-lhe igualmente desafios extraordinários. Ameaçado de todos os lados, assaltado por temores, incapaz de suprir a suas necessidades, o duplo feminino de Shakespeare não poderia ter manifestado suas disposições teatrais, por mais excepcionais que fossem. E isso não por falta de determinação mas em razão de obstáculos invencíveis: nesse combate perde-se toda energia e todo distanciamento; o esgotamento, a loucura sobrevêm. Há restrições a priori, dados históricos, que não podem ser vencidos. "Uma vida livre, em Londres, no século XVI, teria implicado para uma poetisa e autora dramática uma tensão nervosa e um dilaceramento tais que a teriam provavelmente matado", escreve Virginia Woolf, em Londres, em 1929.

Quatro séculos mais tarde, essa vida livre decerto não é geralmente admitida nem desprovida de problemas econômicos e de organização, mas é acessível. Há novos ofícios abertos às mulheres e não são tão deploráveis quanto os de outrora. ("Antes, eu ganhava a vida mendigando estranhos trabalhos nos jornais, fazendo aqui uma reportagem sobre uma exposição de asnos, ali uma reportagem sobre um casamento; pegava em

A liberdade é com freqüência uma muralha a ser derrubada ou um direito a ser conquistado. Não seria também uma exigência feita a todos nós de inventar sua vida?

alguns livros, escrevendo endereços, fazendo leitura para senhoras idosas, fabricando flores artificiais, ensinando o alfabeto às criancinhas num jardim de infância. Eram estas as principais ocupações reservadas às mulheres antes de 1918", observa ainda Virginia Woolf.) Ao fazer uma escolha singular, ao se separar de um destino mais usual e por conseguinte considerado normal, sem dúvida a mulher deixou de se dedicar a tormentos atrozes. Virginia Woolf, afastada das divagações metafísicas e bem convencida de que não existe autonomia autêntica sem uma base material, sugere para uma mulher, como condição necessária ao exercício de sua liberdade criadora, a posse de "algum dinheiro" e de "um teto todo seu". É preciso estender a todos essa condição, para além das especificidades do desejo de escrever e da diferença sexual: a necessidade vital de um suporte econômico e a necessidade, espiritual ou mental, de um lugar de silêncio e à parte, de solidão. O teto, como nas brincadeiras de criança, pode ser improvisado, deslocado, ao sabor de um traçado móvel, fantasista.

Virginia Woolf tinha dinheiro e nenhuma dificuldade de habitar seu espaço interior. Essa riqueza de talento, esse sentimento de um fundo inesgotável e de um horizonte sem limites são nitidamente perceptíveis na espantosa meditação-passeio que é *Um teto todo seu*, seqüência de reflexões feitas a caminhar, pelas quais, como nos *Devaneios de um caminhante solitário*, passam esse impulso, esse sopro característico das idéias que nos ocorrem ao ar livre, ao ritmo de nossos passos. Elas têm uma força apaixonada e discreta, agindo suavemente. No caso da romancista inglesa, esse modo caminhante se confunde com um estilo tão vivo, complexo, íntimo e sensual que se tem a impressão, ao lê-la, de assistir à própria emergência de uma idéia, e de segui-la em seu avanço, suas hesitações, seus achados e seus prolongamentos sonhadores. *Um teto todo seu* é um texto livre sobre a liberdade. Seu poder é indissociável desse efeito de totalidade, de presença inteira de uma verdade vagabunda, catada ao longo das lembranças, das cenas de rua, das frases captadas ao léu e das associações de idéias. É uma verdade que nos toca porque se dá em sua subjetividade, ao invés de deduzir-se da lógica de um sistema, sem que jamais se saiba que pessoa, qual sujeito a encontrou em sua passagem, ao preço de que angústias, de que contradições, a partir de que desejos. Um certo tom de liberdade aparece primeiro no método, na forma; ele emana tanto da escrita quanto do andar de certas pessoas, a maneira como pedem um café, como abrem um livro, como sorriem, o que nos dá vontade de parar, falar com elas, ou simplesmente olhá-las de longe, com prazer. Quanto ao conteúdo, à própria definição da palavra "liberdade" (que, cantada, não deixa ninguém indiferente), mudam não só em função das épocas, das situações, mas também segundo a idade e o momento de cada um. É por isso que podemos somente falar de *nossa* liberdade, neste instante preciso.

O conteúdo e a definição da palavra "liberdade" mudam em função das épocas, mas também segundo a idade e o momento de cada um.

Imenso é o trajeto percorrido entre o início do século XX e hoje. Existem doravante poucas barreiras intransponíveis, poucos interditos absolutos (o provocador, o absurdo, o intolerável "É proibido proibir" de maio de 1968 teve conseqüências irreversíveis). Mas a liberdade nem sempre está na evidência de uma muralha a ser derrubada, de um direito a ser conquistado. Não está necessariamente na violência de um enfrentamento e na exaltação que ele suscita. Ela está também, uma vez derrubadas as prisões e dissolvidas as autoridades, numa exigência interior, no ideal de uma invenção da própria vida, numa atenção ativa, aguda, participante em todos os seus episódios, numa vigilância que nos leva a recusar os compromissos, os papéis de figuração em imagens de felicidade pré-construídas. Querer levar uma vida livre, em Paris, neste fim de século XX, implica raramente, para um homem ou uma mulher, essa tensão extrema, esse combate mortal. A liberdade continua sendo no entanto um desafio essencial, a merecer todos os nossos cuidados. Se o esquecemos ou o desdenhamos, ainda nos arriscamos a morrer, de outro modo, não nos transes de uma impossível façanha, mas sem brilho, amordaçados pelo conformismo e o tédio, embrutecidos pelas preocupações, sobrecarregados de tarefas, entorpecidos por falatórios telefônicos, alucinados por um mundo que nos escapa, dia após dia. Anestesiados.

LEITURA SUGERIDA:

Histoire de ma vie, de Casanova (Paris, Laffont, col. Bouquins, 1993).

L'office de vivre, de Cesare Pavese 2 vols. (Paris, Gallimard, col. Folio, 1977).

Paris é uma festa, de Ernest Hemingway (Paris, Gallimard, col. Folio, 1973).

Jean-Jacques Rousseau, a inocência perdida

"Examinai de perto e vereis que a palavra 'liberdade' é uma palavra vazia de sentido, e que não há, que não pode haver ser livre, que somos apenas o que convém à ordem geral, à educação e à cadeia dos acontecimentos", escreve Denis Diderot. Jean-Jacques Rousseau não está disposto a comungar desse fatalismo. Quando lhe pedem para dizer o que é para ele um ser livre, convida para dar alguns passos, na solidão de uma natureza intacta, ao lado do "bom selvagem".

"Vejo-o saciando-se sob um carvalho, matando a sede no primeiro riacho, encontrando o leito ao pé da mesma árvore que lhe forneceu o repasto. [...] Errando nas florestas sem ofício, sem fala, sem guerra e sem vínculo, sem nenhuma necessidade de seus semelhantes bem como sem nenhum desejo de prejudicá-los, talvez até sem jamais reconhecer alguém individualmente, o homem selvagem, sujeito a poucas paixões e bastando-se a si próprio, tinha apenas os sentimentos e as luzes próprias a esse estado."[1] Voltaire engoliu mal a proposição: "Nunca se empregou tanto espírito em querer nos tornar burros. Tem-se vontade de andar de quatro quando se lê vossa obra. Entretanto, como já faz mais de sessenta anos que perdi esse hábito, sinto infelizmente que me é impossível retomá-lo e deixo essa postura natural àqueles que disso são mais dignos do que vós e eu."[2] Falou curto e grosso. Mas "a natureza humana não retrocede, replica Rousseau às acusações de seu antecessor, e jamais remontamos aos tempos de inocência e de igualdade após nos termos deles afastado."[3]

Vale dizer que os homens, ao se associarem, teriam renunciado a toda forma de liberdade? "O que o homem perde com o contrato social é sua liberdade natural e um direito ilimitado a tudo o que o tenta e que ele é capaz de atingir. O que ele ganha é sua liberdade civil e a propriedade de todas as coisas."[4] O que é liberdade civil? perguntam ao filósofo. "Por mais que se queira confundir independência e liberdade, nos diz Rousseau, estas duas coisas são tão diferentes que se excluem mutuamente. Quando cada um faz o que lhe agrada, faz freqüentemente o que desagrada a outros, e a isso não chamamos estado livre. A liberdade consiste menos em fazer a própria vontade do que em não estar submetido à de outrem; consiste ainda em não submeter a vontade de outrem à nossa. Todo aquele que é senhor não pode ser livre, e reinar é obedecer. [...] Não há, portanto, verdadeira liberdade sem Leis, nem onde alguém esteja acima das Leis: no próprio estado de natureza, o homem só é livre graças à Lei natural que a todos comanda. Um povo livre obedece, mas não serve; tem chefes e não senhores; obedece às Leis, mas só obedece às Leis e é pela força das Leis que não obedece aos homens. [...] Um povo é livre seja qual for a forma de seu governo, quando naquele que governa ele não vê o homem, mas o órgão da Lei."[5]

COMPILADO POR NATHALIE ZAMORA

1. "Discurso sobre a origem e os fundamentos da desigualdade entre os homens", 1755.
2. Carta de Voltaire a Rousseau, de 30 de agosto de 1755.
3. *Diálogos, Rousseau juiz de Jean-Jacques,* 1772-1775.
4. *Do contrato social,* livro I, capítulo 8, 1762.
5. Carta de Rousseau a La Montagne, 1764.

RESPONSABILIDADE

Capacidade de tomar uma decisão sem recorrer previamente a uma autoridade superior; fato de estar na origem de um dano e de suportar-lhe as conseqüências; obrigação de reparar um erro, de cumprir um encargo, de respeitar um compromisso.

Podemos fugir às nossas responsabilidades?

RUWEN OGIEN

Aqueles que buscam junto à filosofia alguns conhecimentos a respeito da responsabilidade arriscam-se a ficar decepcionados. À luz (se podemos dizer) das reflexões filosóficas, não é impossível concluir que somos, num sentido, responsáveis por todos e por tudo e, em outro sentido, por ninguém ou por nada. Dito de outra maneira, nossa responsabilidade seria a um só tempo ilimitada e inexistente. Evidentemente, esse tipo de conclusão dita "aporética" (de que muito se orgulham os filósofos em geral), não pode ser de grande valia quando queremos dar direção a nossos juízos (morais e outros) em todas as espécies de casos difíceis ou embaraçosos: dos crimes de guerra à negligência dos poderes públicos em matéria de saúde, passando por problemas um pouco menos escandalosos mas não menos difíceis (aqueles referentes, por exemplo, a danos causados por animais domésticos, a imóveis em ruína, a avalanches, a explosões de aviões em pleno vôo etc.).

Em todos esses casos, o que justifica, ao menos parcialmente, nossos juízos é toda uma série de distinções entre o que é mais ou menos querido e o que não o é aparentemente, entre o que é mais ou menos sabido e o que não o é provavelmente, entre o que é realizado sob efeito de um constrangimento e o que o é manifestamente menos etc. Seria absurdo ou irrelevante tentar anular ou neutralizar todas essas distinções encobrindo-as com declarações pomposas ou genéricas tais como: Afinal, todas essas distinções não têm nenhuma importância, pois nada do que acontece depende de nós; na realidade, nossa responsabilidade é completamente ilusória. Ou: afinal, todas essas distinções têm apenas por única função encontrar desculpas para nossas ações deploráveis; na realidade, todas essas desculpas são vãs e nossa responsabilidade é absolutamente ilimitada.

Ser responsável significa: "ser a causa de". Mas podemos ser responsáveis por atos com que não nos comprometemos voluntariamente ou conscientemente?

Mas é exatamente o gênero de afirmações que arriscamos encontrar nos filósofos. Assim que embarcam numa discussão que toca, de perto ou de longe, na questão da responsabilidade, alguns parecem tomados por uma espécie de *pânico metafísico*. Desqualificam essas distinções importantes para nós a pretexto de que são ingênuas ou superficiais, em nome de considerações que julgam seguramente profundas, mas que são sobretudo incrivelmente *redutoras*, uma vez que eliminam, sem justificação sólida, um certo nível de realidade particularmente significativo.

Porém, os filósofos dispõem de recursos suficientes para acalmar um pouco esse pânico. Entre esses recursos, há, primeiramente, a análise da linguagem, a qual permite evidenciar as diferentes significações *usuais* dos termos "responsável" e "responsabilidade", assim como as confusões filosóficas cuja origem se encontra, precisamente, numa espécie de manipulação dessas diferentes significações. Há, por outro lado, a possibilidade de negar a coerência das teorias filosóficas que tendem a justificar as idéias de responsabilidade *ilimitada* ou, ao contrário, de responsabilidade *ilusória*. Comecemos pela linguagem.

Todos aqueles que se interessam pela responsabilidade certamente perceberam que o substantivo "responsabilidade" e o adjetivo "responsável" podiam servir para falar de coisas bem diferentes. Eis alguns exemplos. (1) X é responsável por ter confiado seu pit-bull a Y. (2) À primeira vista, Y é uma pessoa responsável. (3) Ao aceitar tomar conta do pit-bull, Y assumiu certas responsabilidades. (4) O pit-bull morde Z. A mordida é responsável por uma perigosa infecção. (5) X é responsável pelo dano sofrido por Z. (6) Y se sente responsável.

Em (1), ser "responsável" significa, *grosso modo*, agir consciente, voluntária, e intencionalmente (seja qual for o sentido exato dado a estes advérbios). Digamos que está em questão, nesse gênero de enunciado, a *responsabilidade-ação*. Em (2), "responsável" qualifica, parece, uma espécie de caráter: prevenido, prudente, mas também preocupado com o bem de outrem (pode-se ser prudente e egoísta, isto é, prudente sem ser responsável no sentido que parece ser o do adjetivo nessa frase). Digamos que é à *responsabilidade-virtude* que se faz referência nesse gênero de enunciado. Em (3), "responsabilidades" remete manifestamente a deveres ou a obrigações ligados a um compromisso, um papel, uma função. Embora responsabilidades e deveres ou obrigações não sejam sinônimos mesmo nesse contexto (o agente de comunicação pode ter responsabilidades relativas à boa circulação da informação sem ter deveres ou obrigações precisos e especificados de antemão), podemos dizer, no entanto, que está em questão, nesse gênero de enunciado, a *responsabilidade-dever.*

X confiou seu pit-bull a Y. O cachorro morde Z. A ferida infecciona e Z morre. Qual é a responsabilidade de Y?

Em (4), ser "responsável" significa simplesmente "ser a causa de". E diremos, muito simplesmente, que esse enunciado remete à *responsabilidade-causa.* Em (5), "responsável" significa, na realidade, "passível de sanção" ou "na obrigação de uma reparação" (pagando com sua pessoa: prisão, morte etc.; indenizando as vítimas; ou ambos ao mesmo tempo, no pior dos casos). Dito de outra maneira, o enunciado fala de uma *responsabilidade-sanção.* Em (6), "responsável" evoca antes um sentimento ou uma emoção: o remorso, o pesar, a culpa (ou o que for do mesmo gênero). Digamos que o enunciado faz referência à *responsabilidade-emoção.*

Vou provavelmente aliviar os leitores (caso ainda haja) anunciando-lhes que nada acrescentarei a essa tipologia sumária por falta de lugar e energia classificatória (estão livres para se divertirem explorando outras possibilidades ou para verificarem a coerência das que evoquei, mas espero que tenham mais o que fazer). Naturalmente, todos são mais ou menos tentados a descobrir uma espécie de significação comum escondida ou uma raiz comum nesses diversos usos invocando, por exemplo, hipóteses nebulosas relativas à aparição da palavra nessa ou naquela língua ou sua etimologia suposta. Creio, de minha parte, que é absurdo tentar esclarecer os problemas filosóficos levantados pela responsabilidade propondo desvendar, mediante procedimentos duvidosos, uma etimologia comum. O que conta é precisamente a variedade *presente* dos usos e o fato de que são suscetíveis de entrar em conflito em certos contextos particulares.

Chego então à minha questão principal: o slogan "Responsável por tudo e por nada" é a última palavra da filosofia acerca da questão da responsabilidade? E, antes de mais nada, o que justifica isso?

O recenseamento das diferentes significações dos termos "responsável" e "responsabilidade" parece estabelecer que não existe identidade conceitual ou, para ser mais preciso, relação *analítica* entre ser responsável e ser o autor, a fonte ou o agente consciente ou voluntário de uma ação, uma vez que não nos *contradizemos* necessariamente quando afirmamos, por exemplo: X é responsável por certo estado de coisas, mas não é o agente consciente ou voluntário desse estado de coisas.

Na realidade, nada impede, no estado atual de nossa linguagem, que julguemos alguém responsável pelo que não depende dele, quaisquer que sejam nossas reservas quanto ao caráter justo ou racional desse tipo de juízo. É por isso que ninguém deveria clamar contra o escândalo semântico de enunciados tais como "X é responsável por seu caráter" (sobretudo se for deplorável: a crueldade ou a avareza não são consideradas como boas desculpas, traços de caráter pelos quais não se pode ser julgado); ou "X é responsável por suas crenças" (aí, de novo, a responsabilidade parece mais evidente pelas crenças estúpidas ou escandalosas, as do jovem hitlerista por exemplo, do que por aquelas que não parecem particularmente revoltantes). Porém, o caráter e as crenças são precisamente coisas que não dependem claramente de nós.

Ainda que abandonemos o ponto de vista estritamente semântico, existem razões para dissociar "ser responsável" e "ser agente consciente e voluntário". Assim, não parece que seja irracional reconhecer uma espécie de *responsabilidade coletiva* em relação a ações passadas ou presentes de seus próximos, parentes, antepassados, aliados... Se aceitamos herdar coisas boas (títulos, fortuna, patrimônio etc.), estaríamos no direito de rejeitar a herança das más (entre outras, os crimes coloniais, as guerras, a exploração que permitiram a constituição do patrimônio)?

Enfim, todas as espécies de argumentos tendem a mostrar que, ao lado da *responsabilidade positiva*, aquela que temos para com o que *fazemos*, podemos admitir a existência de uma espécie de *responsabilidade negativa*, aquela que temos para com o que *deixamos fazer*. São os filósofos utilitaristas que defendem de modo mais enérgico a idéia de que, do ponto de vista *moral*, não há nenhuma diferença significativa entre fazer e deixar fazer, entre matar e deixar morrer, entre explorar ou esfaimar e não fazer tudo o que está a nosso alcance para evitar a exploração, a fome ou a miséria etc.

No total, a ausência de identidade conceitual entre "ser responsável" e "ser o agente consciente ou voluntário de uma ação" justifica, em grande parte, a idéia de que nossa responsabilidade poderia de fato ser ilimitada nesses diferentes sentidos. Por um lado, *sempre* houve filósofos (desde Aristóteles pelo menos) que sustentassem ser injusto ou irracional imputar a quem quer que fosse uma responsabilidade por outra coisa que não suas ações conscientes e voluntárias, isto é, por outra coisa que não o que depende dele. Toda a questão, é claro, está em saber se existem critérios decisivos para distinguir o que depende de nós e o que não depende (ou entre o que fazemos e o que nos acontece). Ora, é precisamente a idéia de que seria possível encontrar critérios desse gênero que os defensores da responsabilidade ilimitada parecem excluir. Segundo eles, é absurdo opor a *ilusão* da responsabilidade pessoal em relação às ações para negar o valor *moral* das responsabilidades coletiva ou negativa.

Mas a *coerência* da idéia de responsabilidade ilimitada (coletiva, negativa etc) e a *incoerência* da idéia de responsabilidade pessoal estão longe de estar estabelecidas. Podemos contestar o valor da idéia de responsabilidade ilimitada objetando, entre outras razões, que ela esvazia nossas concepções morais de qualquer conteúdo "motivacional" (ou de qualquer eficácia) porque são demasiado *exigentes* ou perfeitamente irrealistas. Isso é particularmente evidente no caso da *responsabilidade negativa*, que, caso aceita, poderia levar-nos a condenar absolutamente nossa tendência a destinar mais recursos materiais e afetivos a nossos próprios filhos do que àqueles com quem nunca tivemos relações pessoais. Por outro lado, ainda que os defensores da idéia de responsabilidade ilimitada não estejam errados em dizer que não há critério *decisivo* para distinguir o que fazemos daquilo que nos acontece, disso não resulta que tal distinção seja absurda ou ilusória.

LEITURA SUGERIDA:

Le principe de responsabilité, de Hans Jonas (Paris, Flammarion, 1998).

Totalité et infini, de Emmanuel Levinas (Paris, Le Livre de Poche, col. Biblio-essais, 1990).

O si-mesmo como outro, de Paul Ricœur (Campinas, Papirus, 1996).

É ao famoso juiz americano Oliver Wendell Holmes que devemos esta observação um pouco rasteira mas que não deixa de ter bom senso: "Mesmo um cão sabe distinguir entre o pontapé voluntário e aquele do homem que tropeça nele." Mas, como homem prevenido, o juiz Holmes certamente não teria exigido dos cães que trouxessem uma justificação racional a essa distinção (que fazem, segundo ele, naturalmente). Ora, é precisamente porque *nós* exigimos uma justificação racional para a distinção entre o que fazemos e o que nos acontece, entre o que depende de nós e o que não depende, que estamos, por assim dizer, no atoleiro. Mas, supondo que esteja excluído que possamos encontrar critérios evidentes e decisivos a partir dos quais a distinção poderia ser *fundada*, estaríamos por isso na obrigação "racional" de a ela renunciar? Provavelmente não. Se fosse preciso renunciar a *todas* as distinções para as quais não temos (e não teremos) critérios evidentes ou decisivos, seria preciso que nos desfizéssemos de praticamente todas as distinções que nos importam (entre os fatos e os valores, a razão e a experiência, os fins e os meios, por exemplo).

Afinal, é porque a idéia de responsabilidade ilimitada não é tão coerente e porque a idéia da responsabilidade por suas próprias ações não é tão incoerente que o slogan "Responsável por tudo e por nada" não pode ser a última palavra do filósofo acerca da questão da responsabilidade,[1] ainda que se tenha tornado bem corrente, por razões que, no fundo, me escapam completamente.

1. Basta, para se assegurar, ler a excelente obra de Marc Neuberg *La Responsabilité* (Paris, Presses Universitaires de France, 1998).

Aristóteles no tribunal

Juiz – Quanto ao tema da responsabilidade, admitis que é inútil convocar os antigos gregos?

Acusação – É evidente. De que adiantaria recorrer a pessoas que não tinham nenhuma concepção elaborada da consciência ou da vontade e, portanto, nenhuma idéia do que *nós* chamamos "responsabilidade"? Para nós, ninguém pode, em princípio, ser punido por delitos de que não é nem autor nem cúmplice ou por atos cometidos sem consciência nem vontade. É justamente por isso que há entre os antigos gregos, que não hesitavam em castigar brutalmente vítimas da fatalidade, e nós mesmos uma distância moral infinita.

Defesa – Objeção! As concepções *jurídicas* da responsabilidade não refletem necessariamente as concepções *ordinárias* ou *filosóficas*. Dizer que o sistema penal dos antigos gregos não era de modo algum fundamentado em seu princípio sobre a distinção entre o voluntário e o involuntário é uma coisa, que aliás precisa ser provada. Afirmar que eles não tinham *nenhuma idéia* dessa distinção é outra, bem depreciativa ou condescendente, se pensarmos bem. Para avaliarmos a dificuldade, escutemos Aristóteles.

Juiz e acusação – O filósofo?

Defesa – Não o reconhecestes pois ele é um homem que mostra respeito pelas opiniões comuns. Para não nos chocar, escolheu usar as mesmas roupas que nós, sem todavia renunciar à sua elegância habitual. Como gagueja um pouco, poupar-lhe-ei a dificuldade de nos falar. Lerei eu mesmo alguns trechos do livro III da *Ética a Nicômaco*, que me é impossível, infelizmente, citar na íntegra.

"Admitimos de ordinário que um ato é involuntário quando é feito sob *coação* ou por *ignorância*"; "Considerando que o que é feito sob coação ou por ignorância é involuntário, o ato involuntário reside no próprio agente *ciente* das circunstâncias particulares no seio das quais sua ação se produz"; "Nunca criticaremos alguém por ser cego de nascença ou em decorrência de uma doença ou uma ferida, é antes piedade o que sentiremos; por outro lado, censuraremos aquele que fica cego por abuso de vinho ou por uma outra forma de intemperança. Assim, portanto, entre os vícios do corpo, são aqueles que *estão sob nossa dependência* que merecem a censura, com exclusão daqueles *que não dependem de nós*."

Salvo considerações duvidosas sobre os efeitos do vinho, quase tudo o que nos diz Aristóteles é inteligível e próximo: distinção entre o que depende de nós e o que não depende; coação e ignorância como critérios do involuntário; justificação da censura para as ações que dependem do agente e para elas somente. Aristóteles poderia ter sido membro do Comitê Nacional de Ética!

Acusação – Não sejais ridículo. Aristóteles propõe, é claro, alguns critérios para exonerar certas pessoas da censura, para rejeitar acusações mediante certas desculpas, em suma, para identificar o involuntário. Mas reconhecei que sua definição do voluntário é particularmente confusa.

Defesa – Achais a nossa mais precisa? Os juristas falam de *"confusão"*; os filósofos mais ou menos renunciaram a utilizar a palavra "vontade". Na realidade, esquecemos o que Aristóteles tentara nos ensinar: não existe muita coisa de *preciso* a dizer do voluntário ao passo que é possível caracterizar relativamente bem o involuntário.

Juiz – É de fato o que Aristóteles queria dizer?

Defesa – Infelizmente, não podemos mais lhe perguntar. Temo muito que nossa ignorância o tenha desencorajado. Ele deve ter saído para passear. É sua atividade preferida.

COMPILADO POR RUWEN OGIEN

CIÊNCIA

A ciência sem consciência está condenada?

EDGAR MORIN

Conjunto de conhecimentos, de estudos de valor universal, caracterizados por um objeto e um método determinados, e fundados sobre relações objetivas verificáveis; conhecimento exato e aprofundado; domínio organizado do saber.

Ao mesmo tempo em que edifica uma vertiginosa torre de Babel dos conhecimentos, nosso século efetua um mergulho ainda mais vertiginoso na crise dos fundamentos do conhecimento. A crise havia começado na filosofia. Embora houvesse permanecido plural em seus problemas e em suas concepções, a filosofia dos tempos modernos foi animada por uma dialética entre a busca de um fundamento certo para o conhecimento e o perpétuo retorno do espectro da incerteza. O acontecimento-chave do século XIX, nessa dialética, foi a entrada em crise da idéia de fundamento. Depois que a crítica kantiana retirou do entendimento a possibilidade de alcançar as *coisas em si*, Nietzsche anunciou, de maneira opostamente radical, a inevitabilidade do niilismo; no século XX, Heidegger colocou em questão o fundamento dos fundamentos, a natureza do ser. A filosofia contemporânea dedica-se a partir de então menos à construção de sistemas sobre fundamentos seguros do que à destruição generalizada e à radicalidade de um questionamento que relativiza todo conhecimento.

Por outro lado, ao longo do século XIX e no início do século XX, a ciência não cessava de verificar que havia encontrado o indubitável fundamento empírico-lógico de toda verdade. Suas teorias pareciam emanar da própria realidade, por via da indução, a qual legitimava as verificações/confirmações empíricas em provas lógicas e as ampliava em leis gerais. Ao mesmo tempo, a armadura lógico-matemática que assegurava a coerência interna das teorias verificadas parecia refletir as próprias estruturas do real. Foi sob essas condições que um grupo de filósofos e cientistas, desejosos de acabar para sempre com o palavreado pretensioso e arbitrário da metafísica, buscou transformar a filosofia em ciência, fundamentando todas as

A idéia de verdade vacila diante das realidades descritas pelos cientistas. A filosofia pode ajudar a ciência a resolver suas contradições?

suas proposições sobre enunciados verificáveis e coerentes. Assim, o Círculo de Viena pretendeu fundamentar a certeza de pensamento sobre o *positivismo lógico*. Um empreendimento correlativo foi levado a cabo por Ludwig Wittgenstein no plano da linguagem e por David Hilbert no da axiomatização das teorias científicas.

Ora, na verdade, a purificação do pensamento pela eliminação de toda escória, impureza e impertinência mostrou ser uma quimera. Com efeito, Karl Popper demonstrou que a *verificação* não bastava para assegurar a verdade de uma teoria científica; e, derrubando a aparente evidência segundo a qual a teoria científica trazia a certeza, revelava que, ao contrário, o próprio da cientificidade de uma teoria estava em sua refutabilidade.

Restava porém, inclusive na visão popperiana, a idéia de que a lógica dedutiva conservava valor decisivo de prova e constituía um fundamento irrecusável de verdade. Ora, esse pedestal lógico devia ele mesmo revelar-se insuficiente. Por um lado, os avanços da microfísica atingiam um tipo de realidade diante da qual o princípio da não-contradição se enfraquecia; por outro, o teorema de Gödel estabelecia a indecidibilidade lógica no seio dos sistemas formalizados complexos. Por conseguinte, nem a verificação empírica nem a verificação lógica são suficientes para estabelecer um fundamento certo para o conhecimento.

Simultaneamente a substância própria do real desagregou-se nas equações da física quântica e a ordem do universo deu lugar a uma combinação enigmática e incerta de ordem, desordem e organização. O cosmo apareceu-nos enfim como o fruto de uma inconcebível deflagração, e seu devir submetido a uma dispersão talvez irreversível. De modo que todos os avanços do conhecimento fazem com que nos aproximemos de um desconhecido que desafia nossos conceitos, nossa lógica, nossa inteligência. A crise dos fundamentos do conhecimento científico vem portanto juntar-se à crise dos fundamentos do conhecimento filosófico, ambas convergindo na crise ontológica do Real, para confrontar-nos com o "problema dos problemas... a crise dos fundamentos do pensamento" (Pierre Cornaire).

A ciência é uma forma privilegiada de racionalidade, mas não integra o sujeito pensante. Ela ignora o observador-idealizador.

Na verdade, embora não deixem de deslocá-las e renová-las, as pesquisas referentes ao conhecimento científico reencontram o problema levantado por Kant e, antes dele, o problema filosófico clássico da relação entre corpo/cérebro e espírito. Encontramo-nos portanto em território científico sem abandonar o questionamento filosófico. Não se trata de partilhar o território ou de reservar uma esfera inviolável à filosofia. Não existe fronteira *natural* entre uma e outra. De resto, o século de ouro do desabrochar de uma e do nascimento da outra foi o século dos filósofos cientistas (Galileu, Descartes, Pascal, Leibniz...). E, por mais disjuntas que sejam hoje, ciência e filosofia derivam da mesma tradição crítica, cuja perpetuação é indispensável à vida de ambas. Além disso, mesmo após a disjunção, sempre houve entre os filósofos o desejo de que a filosofia se tornasse "saber do saber científico, sua consciência de si" (Popper).

O problema da ciência como objeto de reflexão filosófica coloca-se mais do que nunca, pois a ciência como tal é problemática. Dito de outra maneira, ela é uma instância complexa, uma certa forma privilegiada de racionalidade, mas não integra o sujeito pensante. Ela ignora o observador-idealizador. Husserl tentara revelar como a "crise das ciências européias" exprime em profundidade a crise da ocultação do sujeito que faz a ciência. Segundo ele, só um retorno reflexivo sobre o estado das ciências pode permitir elucidar a crise que se manifesta até no domínio político. A idéia maior de Husserl é a do desinteresse dos cientistas por sua própria subjetividade ativa em suas metodologias, isto é, a falta de reflexividade em suas pesquisas. Em outros termos, os ditos "cientistas" esvaziam a ciência de seus próprios operadores e de seu contexto humano.

Ora, a questão que sempre deveríamos nos formular acerca da verdade científica é: as leis, as descobertas, a objetividade que uma ciência assegura escapam às condições históricas, sociais e psicológicas presentes a seu advento, ou são delas prisioneiras? Pensadores como Karl Popper, Thomas Kuhn, Gerald Holton ou Imre Lakatos estabeleceram que postulados indemonstráveis existiam no seio das teorias científicas, e mesmo que *themata* (Holton), idéias obsessivas a priori, animavam o espírito dos cientistas, tais como o determinismo em Albert Einstein e a indeterminação em Niels Bohr. Kuhn revelou a existência dos paradigmas ou princípios ocultos que governam o saber e permitem organizá-lo.

A ciência caminha sobre quatro patas: o empirismo, o racionalismo, a imaginação e a verificação. Certos cientistas serão mais racionalistas, outros mais empíricos, outros ainda serão imaginativos ou verificadores. Essas quatro patas são complementares, embora estejam eventualmente em conflito, conflito de que se nutre a vitalidade da ciência. A ciência se autoproduz. Ela não o faz entre quatro paredes, mas sob condições históricas precisas; a autonomia da ciência é inseparável de um processo de regeneração permanente, a despeito tanto dos dogmatismos como da hiperespecialização.

A ciência decerto secretou cegueira e, ao mesmo tempo, elucidação. Seria preciso saber resistir a uma contra-reforma cada vez que um caso semelhante ao caso Sokal visasse restaurar uma esfera superior da ciência irrevocavelmente ligada à organização disciplinar tradicional e a colocasse como inacessível aos profanos. Todo cidadão tem direito ao conhecimento. Os problemas fundamentais das grandes teorias científicas e as idéias subjacentes são partilháveis; não devem ser reservados apenas aos cientistas. Aliás, cientistas como Ilya Prigogine, Hubert Reeves, Bernard d'Espagnat, Jean-Marc Lévy-Leblond, François Jacob... tentam fazer-nos partilhar seus conhecimentos e desempenham papel de humanistas. Há portanto, no estado atual, apenas insuficiência da filosofia e insuficiência da ciência para estabelecer o conhecimento. Dada a complexidade dos problemas colocados por esse conhecimento, não se elaborará nem metaciência, nem metafilosofia, mas antes se lutará contra toda filosofia exangue, da mesma forma que contra toda ciência sem consciência. Se a atividade filosófica proporciona a reflexividade necessária para considerar a ciência, a atividade científica permite alimentar a filosofia em saber. Então, ciência e filosofia poderiam aparecer em diálogo como dois rostos diferentes e complementares do mesmo: o pensamento.

Leitura Sugerida:

A lógica da descoberta científica, de Karl Popper (São Paulo, Nova Cultural, col. Os Pensadores, 1997).

La Science et le monde moderne, de A.N. Whitehead (Paris, Payot, 1930).

Logique et connaissance scientifique, de Jean Ladrière (Paris, Gallimard, col. "Encyclopédie de la Pléiade", sob a responsabilidade de Jean Piaget, 1967).

Husserl
ou a arborescência em ziguezague

Por que razões esta escolha de Edmund Husserl? Principalmente porque ele encarna ao longo de seus escritos um processo de pensamento qualificado por Paul Ricœur de "arborescente": implicado na lógica, nas matemáticas, na história da filosofia... Mas também testemunho de sua época enquanto reflexividade crítica e projetiva. Rende homenagem a Hume e a Descartes embora os interprete de outro modo que seus antecessores. Hume não é mais enaltecido como um dos protagonistas da luta entre o empirismo e o racionalismo, luta central na filosofia clássica do conhecimento inscrita na separação sujeito-objeto, alma-corpo... e traço indefectível do paradigma da representação. É lido como o primeiro revelador da não-cisão idéias-sensações, logo como o inspirador de outro paradigma de que Husserl se sente mais próximo. Nas *Meditações cartesianas*, Descartes é interpretado como o primeiro praticante da atitude fenomenológica: *epoche* na primeira, apreensão do *cogito* na segunda. Segundo Husserl, Descartes teria falhado na "orientação fenomenológica" ao não aprofundar esse "coração precioso da fenomenologia", "consciência aberta ao mundo", impulso, fragmentação, como pensava Brentano. Seria portanto a cegueira provocada por uma visão de mundo analítica e redutora que teria impedido Descartes de ser o primeiro fenomenólogo.

Seguindo Edmund Husserl nos pontos de ancoragem originários de seu pensamento como "subjetividade viva", lendo, interpretando, ele reflete o que é filosofar. Mas empenha-se também em indicar a necessidade para toda filosofia de se inscrever na gênese do sentido de que resultariam as realidades culturais de sua época, a saber, a constituição das ciências, do mundo e da humanidade; daí seu projeto de escrever *A crise das ciências européias e a fenomenologia transcendental*. Pois tentar compreender a origem da crise da humanidade européia e encontrar na realização da filosofia sua "terapêutica" permanece sendo sua finalidade essencial. O que ele exprime perfeitamente numa conferência que pronuncia em Viena em 1935.

"Nosso problema da crise nos leva a mostrar como nossa *época moderna*, que, durante séculos, pôde vangloriar-se de seus sucessos teóricos e práticos, mergulha finalmente num mal-estar crescente, devendo até experimentar sua situação como uma situação de desamparo. Em todas as ciências insinua-se o desamparo, em última análise como desamparo metodológico. Mas nosso desamparo europeu, mesmo sem ser compreendido, diz respeito a um número enorme de ciências.

"Existem problemas inteiros que são engendrados pela ingenuidade em virtude da qual a ciência objetivista considera aquilo que chama de o mundo objetivo como o sistema total do ser, sem notar que a subjetividade que cria (*leistende*) a ciência não tem seu lugar legítimo em nenhuma ciência objetiva. Quando se foi formado nas ciências da natureza, parece óbvio que todos os fatores puramente subjetivos devam ser excluídos e que o método das ciências da natureza determine em termos objetivos aquilo que encontra sua figuração nos modos subjetivos da representação. Por isso busca ela extrair a verdade objetiva inclusive no plano psíquico.

"Admite-se ao mesmo tempo que os fatores subjetivos, excluídos pelo físico, devem ser estudados, enquanto precisamente psíquicos, pela psicologia e naturalmente por uma psicologia psicofísica. Mas o cientista que estuda a natureza não percebe claramente que o fundamento permanente de seu trabalho subjetivo de pensamento é o mundo da vida (*die Lebensumwelt*); ele é que é constantemente pressuposto como o terreno, o campo de trabalho sobre o qual apenas suas questões, seus métodos de pensamento adquirem sentido. Onde se vê submeterem à crítica e à elucidação essa poderosa aquisição metodológica que conduz do mundo intuitivo à idealização matemática e à interpretação do mundo como ser objetivo? As alterações introduzidas por Einstein referem-se às fórmulas que tratam da Physis idealizada e ingenuamente objetivada. Mas não nos ensinam de que modo fórmulas, uma objetivação matemática em geral, adquirem sentido sobre o embasamento da vida e do mundo intuitivo; assim Einstein não reforma o espaço e o tempo em que se desenrola nossa vida de ser vivo [...]."

A metodologia de Husserl é sempre complexa, oscilando sem cessar em ziguezague entre o estado dos modos atuais do conhecimento, seus primórdios e as possibilidades de compreensão diacrônica de sua instituição. Para ele, a história do espírito moderno europeu esqueceu por demais, com o triunfo das idealidades lógico-matemáticas, o solo das experiências vividas e das pessoas; e esse abandono continua sendo o fermento da crise da cultura e dos perigos para a humanidade futura.

COMPILADO POR EDGAR MORIN

(Extraído de "A crise da humanidade européia e a filosofia", conferência pronunciada por Edmund Husserl em Viena em 1935, como apêndice de *A crise das ciências européias e a fenomenologia transcendental*", Gallimard, 1976.)

VERDADE

Caráter do que é verdadeiro; aquilo a que o espírito pode dar seu assentimento, em decorrência de uma relação de conformidade com o objeto de pensamento; proposição que comporta o assentimento geral ou está de acordo com o sentimento da realidade; conhecimento ou expressão de um conhecimento conforme aos fatos tais como se desenrolaram; boa fé, sinceridade.

Toda verdade é ilusória?

LAURENT MAYET

Nosso ponto de partida é afinal de contas bem banal: uma prática difundida na mídia e que consiste em interrogar os especialistas — físico, geneticista, cancerologista... — sobre problemas referentes não à sua especialidade mas à sua responsabilidade como cidadão ou homem. Esta prática, que parece moda, revela-se na verdade um sintoma do cientificismo ambiente cuja pretensão é preservar-nos da "trágica dispersão dos pontos de vista singulares" reatando com um racionalismo dos valores. Mas a verdade científica pode ser prescritiva? Pode ela fornecer normas para ação? E, reciprocamente, essas normas tiram seu valor de uma relação qualquer com a verdade?

Uma primeira maneira de abordar essa questão consiste em identificar o valor à verdade. Trata-se, em termos claros, de pensar o valor (o bem, o belo, o justo...) sobre o modelo das verdades que conhecemos, por exemplo o das verdades matemáticas. Estamos pensando na famosa tese socrática "virtude = sabedoria", segundo a qual a coragem ou a virtude derivam do discurso verdadeiro que diz as coisas tais como são realmente e não tais como nos parecem. Esta tese é, em Platão, inseparável de um realismo do inteligível que erige a idéia em realidade e trata os objetos sensíveis como *"fachadas de idéias"*. A justiça vale não na medida em que é desejada ou valorizada pelos homens mas na medida em que existe a título de realidade inteligível — o Justo em si. O valor de uma coisa depende de seu grau de ser e sabemos que gradação ontológica Platão estabeleceu na alegoria da caverna: partindo das imagens de imagens até a Idéia suprema do Bem, luz do mundo inteligível. O valor e o ser sendo apenas uma única e mesma coisa, o conhecimento do bem se confunde com o conhecimento do verdadeiro, entendido aqui no sentido de conhecimento do ser. A verdade é então uma norma tanto teórica quanto prática: aquele que conhece o que é sabe o que deve ser. E é portanto muito naturalmente àqueles que sabem, no caso aos filósofos, que Platão confia o governo da Cidade.

Em todas as épocas, os homens tentaram ver o mundo tal como seria sem eles. Mas a busca da verdade não é antes de tudo uma busca pessoal?

Esse intelectualismo moral vai duplamente de encontro à opinião comum: se basta conhecer geografia para ser geógrafo, não basta conhecer a virtude para ser virtuoso. Supõe-se aqui, por um lado, que aquele que conhece o bem quer necessariamente fazê-lo; por outro lado, que ele seja infalivelmente capaz disso. A resposta de Sócrates é que, quando se conhece a necessidade racional, não se pode, permanecendo um ser racional, querer diferentemente. Pois querer diferentemente seria ser outro que não o que se deve ser, isto é, aqui, não ser um ser humano. O projeto platônico de fundar sobre bases exclusivamente racionais os valores que deveriam reger a vida dos indivíduos inscreve-se assim numa antropologia idealista que define o ser humano como um ser que detém os meios de não se submeter a nenhuma forma de violência e cuja verdadeira liberdade ancora-se na coação racional.

É nessa perspectiva que deve ser lida a fórmula de Sócrates, enigmática para nós modernos: "Ninguém faz o mal voluntariamente." Se conhecer a virtude já é adquiri-la, isso é porque definitivamente o conhecimento daquilo que é — o Justo em si, o Igual em si... — supõe que o sujeito se despoje de sua realidade — o corpo, as paixões... — para se realizar enquanto sujeito racional. Nesse contexto, a verdade de uma palavra ou de um discurso não depende da atividade de uma subjetividade produtora de representações, mas de sua capacidade de se apagar perante a realidade para a ela adequar-se. Consiste, segundo uma palavra de Alain, em "ver o mundo tal como seria sem nós". Toca-se aqui numa contradição inerente à concepção dogmática da verdade, isto é, se existe apenas verdade do ser ou em vista do ser, só há verdade para uma consciência.

Encaremos agora a posição inversa da precedente, que consiste em identificar a verdade ao valor. Trata-se de pensar as verdades que cremos conhecer sobre o modelo dos juízos de valor. Ora, se os valores são juízos relativos ao sujeito que os diz, relativos a uma época dada e a uma civilização dada, afirmar que a verdade é um valor corresponde a afirmar que não há verdade no sentido de uma verdade absoluta. Não há co-

O problema do pensamento relativista não é tanto não ser capaz de dizer a verdade, e sim de nunca conseguir dizer o falso.

nhecimento senão relativo. Pensa-se aqui na famosa tese de Protágoras "o homem é a medida de todas as coisas", afirmando que "o que parece a cada um é a própria realidade". Este fenomenismo é, em Protágoras, inseparável de uma teoria do conhecimento fundada inteiramente sobre a sensação e onde a realidade é descrita em termos de encontro de um fluxo oriundo de nossos sentidos. Se a verdade for submetida à contingência da idiossincrasia, então, "a cada um a sua verdade" e todas as verdades individuais se valem.

Esse relativismo radical, sabemos, destrói-se ele próprio na medida em que implica a verdade de seu contrário. Se é verdade que "tudo é verdadeiro", o contrário desta afirmação não pode ser falso, e o relativismo encontra sua verdade no ceticismo, isto é, na afirmação de que "tudo é incerto". Mas o ceticismo contradiz-se por sua vez, já que exclui sua própria verdade. Essa refutação do relativismo permitiu-nos evidenciar um pressuposto fundamental requerido pela noção de verdade, isto é, o de um laço necessário, não contingente, entre a fala ou o discurso e o ser.

Como escapar ao subjetivismo sem deixar de assumir a relatividade do ser para a consciência? Uma resposta clássica consiste em interpretar, com o risco de trair, a tese protagoriana do "homem medida de todas as coisas" atribuindo ao termo "homem" não o sentido de singularidade contingente — o homem singular — mas o de universal — a humanidade. Kant opera esse deslizamento mostrando que, se a intuição é de fato aquilo que recebe a coisa e aquilo sem o que a coisa não poderia aparecer a mim, ela só é apreensível no âmbito do Tempo e do Espaço que são as "formas a priori da sensibilidade". Por outro lado, a intuição fornecendo apenas uma pura diversidade, todo conhecimento supõe um juízo que liga este diverso sob a unidade de um conceito geral, e esta ligação supõe por sua vez uma unidade sintética que a torne possível e de que ela seria apenas a representação. Kant mostra que essa unidade originária é a consciência pura, a apercepção transcendental do "eu penso", e as diferentes funções da unidade da consciência pura são assim as condições a priori da experiência em geral. Nesse contexto, as coisas só têm realidade objetiva na medida em que se regulam sobre as condições decerto subjetivas mas universais e necessárias do entendimento. A posição kantiana mostra assim que, ao se pretender assumir a inscrição do ser na dualidade da aparição e da apropriação, a noção de objetividade substitui a de verdade.

Se em Kant o ser é tido como incognoscível, o conhecimento supõe entretanto o ser, o fenômeno sendo aí concebido como "representação que uma coisa produz ao afetar nossos sentidos". O que acontece à idéia de verdade, caso se deva, ao contrário, assumir uma relatividade do próprio real? Tudo corre, tudo dança, afirma Protágoras, e a própria realidade é contraditória. Trata-se então de repensar a relação da palavra com o ser. Se, como sustentam os sofistas, é possível sustentar acerca de uma mesma coisa sua verdade e seu contrário, é porque a palavra não é o que diz o ser mas aquela de um *poderia ser* ou de um *fazer ser*. O ser é maleável, mutável e só pode ser num *fazer ser*. Assim, o problema do pensamento relativista não é tanto não ser capaz de dizer a verdade, e sim de nunca conseguir dizer o falso: toda palavra, todo pensamento nos implica no mundo, cada palavra se nutre de nossa própria força de poder, de querer dizê-la.

Não vamos crer por isso que todas as opiniões individuais se valem. O valor de uma opinião mede-se por sua capacidade de universalização, por seu poder de reunir os sufrágios, o que Protágoras chama de o "discurso forte" e que não é o discurso tirânico. O universal não é dado, ele está por fazer pelo homem. Nessa perspectiva, em que a problemática do poder ou da eficácia substitui a da verdade, o *verdadeiro* ou *discurso forte* poderão facilmente ser identificados ao útil, e é justamente assim que o pragmatismo tenciona assumir a mensagem do relativismo.

A questão da relação da verdade com o valor foi encarada até aqui na suposição de que era preciso necessariamente identificar uma à outra. Ora, pensamos que o dogmatismo está errado quanto aos valores e que o relativismo está errado quanto à verdade. É por isso que subscrevemos a tese de uma disjunção do verdadeiro e do bem (André Comte-Sponville, *in Valeur et verité: études cyniques*, PUF, 1998). E de fato, o que são os conhecimentos objetivos senão enunciados descritivos? Como diz Wittgenstein, num livro que contivesse a "descrição completa do mundo" e por conseguinte "todas as proposições verdadeiras que pudessem ser formuladas", não haveria "nada que chamaríamos de um juízo ético, nem o que quer que fosse que implicasse logicamente tal juízo"; haveria "somente fatos".

Da mesma forma, prossegue Wittgenstein, se entendemos por proposição um enunciado suscetível de ser verdadeiro ou falso, não há proposições morais. Se há portanto irredutibilidade entre as proposições nomológicas (as leis da ciência) e as proposições normativas (as leis da ação), cabe então dizer que, no absoluto, nenhuma verdade tem valor e nenhum juízo de valor tem alcance cognitivo. A verdade pode entretanto ter valor para aquele que a ama. Mas não é como valor que é verdadeira. Pode-se sempre escolher recusar a razão, pois esta escolha é em si mesma sem razão. Ao termo desse breve percurso, dois graves desmentidos foram infligidos ao cientificismo que nos parece existir a título de evidência difusa do senso comum: a impossibilidade de fundar regras para a ação sobre o conhecimento objetivo e a impossibilidade de identificar conhecimento objetivo e verdade.

LEITURA SUGERIDA:

Objectivisme, relativisme et vérité, l'interrogation philosophique, de Richard Rorty (Paris, PUF, 1994).

Logique de la philosophie, de Eric Weil (Paris, Vrin, col. Librairie philosophique, 1996).

La Vérité et ses figures, de Francis Kaplan (Paris, Aubier, col. Philosophie de l'esprit, 1977).

William James, o pragmático

Freqüentemente consideramos a eficiência técnica ou prática de um conhecimento como prova de sua objetividade. "É verdade, já que funciona!" Mas admitimos também que muitas verdades não são em si mesmas de nenhuma utilidade. O que concluir quanto às relações entre verdade e eficiência de uma idéia? A posição mais partilhada, digamos a do realista, consiste em afirmar que a verdade de uma idéia reside em sua correspondência com o mundo exterior e que representa assim a condição ou o meio de nosso domínio sobre o mundo: "O homem só comanda a natureza lhe obedecendo" (Francis Bacon). Contrariando essa interpretação, o pragmatismo afirma que a verdade não consiste em sua relação com uma realidade exterior por essência inapreensível, mas que se determina em vista de suas conseqüências práticas.

Essa posição – que conta múltiplas versões e com a qual se aprecia qualificar a mentalidade anglo-saxônica – foi popularizada por William James (1842-1910) da seguinte forma: "A verdade é um acontecimento que se produz para uma idéia. Esta se torna verdadeira; é tornada verdadeira por certos fatos." E esta verificação deve ser entendida no sentido de conseqüência prática que nos agrada: "O verdadeiro consiste simplesmente no que é vantajoso para nosso pensamento, da mesma forma que o justo consiste simplesmente no que é vantajoso para nossa conduta. Quero dizer vantajoso mais ou menos de qualquer maneira; vantajoso a longo prazo e no conjunto; pois o que é vantajoso em relação à experiência atualmente em vista não o será necessariamente no mesmo grau em relação a experiências ulteriores."

Nessa perspectiva, em que a realidade é concebida como sempre mais rica do que as idéias que dela podemos fazer, as verdades não são descobertas mas inventadas e sempre momentâneas. É preciso assim compreender que "a verdade é somente uma espécie de bem e não, como supomos habitualmente, uma categoria diferente do bem. A verdade é o nome de tudo o que se revela ser o bem no domínio da crença". O pragmatismo foi freqüentemente acusado de confundir a verdade absoluta e eterna com a justificação de que, sendo relativa a um público dado, é efêmera. Mas essa recusa em distinguir entre a verdade e a justificação não é nem mais nem menos que a tese central do pragmatismo, para o qual "a crença é verídica por natureza" na medida em que é pela mesma razão que a maioria de nossas crenças é verdadeira e que a maioria de nossas crenças é justificada.

A relação entre nossa pretensão à verdade e o resto do mundo é aqui concebida como causal e não como representacional. E o efeito que causa é nosso arraigamento a crenças que se revelam guias confiáveis para obter o que desejamos. Nesse novo contexto, a verdade não pode mais residir senão na coerência prática e utilitária das crenças entre si, na coerência do conjunto das crenças que constituem cada sociedade. O conhecimento não deve mais ser considerado como um instrumento que me permitiria conhecer o mundo, mas como um mundo de lavra humana. Tampouco é um olhar objetivo pousado sobre o mundo mas uma ação por inteiro, um investimento real do homem no mundo. O que o pragmatismo (do grego *pragma*, ação) entende assim instalar é a substituição de uma problemática epistemológica por uma problemática social. Convém então dirigir aos pragmáticos a seguinte questão: o pragmatismo é útil?

LAURENT MAYET

DEUS

Deus das almas ou Deus das armas?

CHRISTIAN JAMBET

Nas religiões monoteístas, ser supremo, eterno, único, todo-poderoso e misericordioso, criador de todas as coisas, juiz, salvador do mundo.

Temos que reconhecer que a questão formulada com mais freqüência pelas religiões do Livro, judaísmo, cristianismo, islã, é a da manifestação de Deus, dos modos segundo os quais a divindade oculta se epifaniza no mundo da criação. O problema da manifestação envolve por sua vez questões tão delicadas e profundas quanto a do messianismo, a das teofanias, a da relação entre humanidade e divindade. Nestas poucas linhas, seria irrelevante simplesmente querer fazer a isso rápida alusão. Pelo menos poderemos tentar nos interrogar sobre um fenômeno cuja insistência a época contemporânea atesta: a degradação a que o islã político submete os dados primordiais da manifestação da divindade, tal como estes foram elaborados no islã espiritual. Se não pensássemos esta degradação, não poderíamos com efeito pensar o que vincula hoje islã e política, tampouco balizar onde está sendo decidido o destino político do islã, destino que é incontestavelmente um dos principais desafios do mundo de hoje.

Diríamos que o islã político funda sua reivindicação de um Estado islâmico sobre a representação que ele propõe da relação estabelecida pela revelação profética entre o Deus absolutamente transcendente e o homem. Esta relação deriva da Lei, da religião legalitária e somente dela. A transcendência e a unicidade de Deus, que são um único e mesmo real, proíbem o acesso ao Príncipe criador, exceto pela mediação da Palavra profética, isto é, pelo Verbo divino, tal como é dado a entender no discurso recebido pelo Profeta, em virtude da inspiração de que é o receptáculo. Essa mediação constituída pelo texto do Livro sagrado supõe, por sua vez, uma elucidação. Com efeito, o dado imediato do texto corânico é, se podemos dizer, dotado de uma estrutura assimétrica: de um lado, o sentido literal, que pode ser alcançado pela virtude de uma explicação que situa as eventuais ambigüidades e restitui o verdadeiro status do texto;

de outro, a profundidade infinita das significações ocultas, simbolizadas pelo sentido literal, uma superposição das significações espirituais.

Para o islã integrista, é suspeita toda pessoa que não provou sua adesão à lei corânica. Em nome de que lógica atribui-se a Deus o castigo dos infiéis?

Podemos observar que os leitores que querem fazer do Corão o texto dominador de uma legislação sustentada pelo Estado são forçados a sacrificar a profundidade indefinida das significações ocultas em proveito de uma literalidade reduzida, no essencial, à enunciação de mandamentos legais. Estes, por sua vez, perdem o valor simbólico, não remetem mais à profundidade hermenêutica do texto, mas valem tais e quais, no mero proferimento de uma obrigação. A obrigação, por sua vez, esvazia-se de todo sentido ético, não é mais o imperativo criador de uma subjetividade, mas a mera coação reduzida às dimensões do artigo pronunciado por um poder de Estado.

Ao propor fundar o Estado islâmico sobre a *soberania* exclusiva de Deus, os detentores do islã político renunciam maciçamente a tratar os mandamentos da Lei como procedimentos de subjetivação, engendrando positivamente uma figura do sujeito, moldando uma certa liberdade, a qual exprimiria na criatura o próprio Imperativo divino. Renunciam a ver exprimir-se uma liberdade *no imperativo* em que o homem revelaria em si próprio a imanência dos efeitos do Imperativo divino: "Seja!" Com efeito, o mandamento legal degrada-se em pura e simples obrigação exotérica, esvaziada de qualquer interpretação simbólica que revelaria seu sentido a cada um. A supressão da dimensão do cada um, da singularidade pessoal, é um efeito primeiro da transformação da lei corânica em instituição estatal. A subjetivação é substituída por uma objetivação opressora, uma submissão ao universal abstrato do mandamento, que permanece exterior e ameaçador.

A essa evacuação da hermenêutica e da subjetivação se acrescenta uma segunda operação. Podemos identificá-la na integração da *jihâd*, do "combate no caminho de Deus", às obrigações fundamentais impostas ao muçulmano. Não há dúvida de que o próprio texto corânico convida expressamente o fiel a travar esse combate, a esforçar-se pela via direta que, só ela, conduz à obediência autêntica. Mas esse esforço, esse combate é ele próprio interpretado em múltiplos sentidos.

Os leitores que querem fazer do Corão um texto dominador são forçados a sacrificar a profundidade de suas significações ocultas.

Fundamentalmente, o combate primeiro, essencial, é o combate contra si próprio, contra sua própria alma. Trata-se em primeiro lugar de purificação e de vitória sobre "a alma carnal", em outras palavras, sobre suas próprias paixões. O combate militar se impõe em segundo. Toda a questão é saber que lugar destinar a esse combate segundo e que depende das condições empíricas do *dâr al-islam*, do "território do islã".

É um traço comum dos islãs políticos, nos dias de hoje, valorizar ao máximo esse combate segundo, fazendo dele o combate primeiro. A purificação ética faz-se pela guerra, na prática efetiva do combate militar. Assim a dimensão moral e o esforço espiritual são submetidos a uma mera prática material, a qual se estende ao conjunto das situações em que o combatente encontrará, a seu ver, um inimigo da fé. Inversão capital, reavaliação decisiva: trata-se menos de se transformar a si próprio que de submeter outrem, é preciso menos reformar-se que sujeitar aquele sobre quem se decidiu que é estranho e infiel à totalidade da religião legalitária. A tragédia começa, já que nenhum homem está isento da suspeita de ser estranho à Lei. Não só a ela são rebeldes os não-muçulmanos, mas os próprios fiéis do islã que podem ser sempre pegos em flagrante delito de violação da Lei. A integralidade das prescrições, transformada em código de Estado, serve então de norma à designação do inimigo. Este é considerado, bastando que tenha violado a Lei, um apóstata. E nenhum apóstata pode escapar à morte.

A *jihâd* será por conseguinte praticada como uma intensificação indefinida da morte, uma execução cuja expressão é, de direito, infinita. Daí que ninguém a isso escapa: os membros das comunidades da "gente do Livro", a começar pelos judeus e os cristãos, não são mais vistos sob a proteção da Lei, e seu status inferior converte-se em status de inimizade pública, em status belicoso: o outro infiel é antes de tudo infiel. Suprime-se portanto na política islâmica extrema um mandamento maior da fé muçulmana, que convida a reconhecer as revelações feitas a Moisés e a Jesus. Mas a febre da *jihâd* não se atém às comunidades do Livro estranhas ao islã. O próprio muçulmano, dizíamos, cai sob essa nova lei dos suspeitos. Os homens, mas também as mulheres e as crianças, estão sempre e desde já convocados ao tribunal de uma religião cuja norma é fixada pelo próprio combatente, em virtude de uma leitura do Livro que deriva de sua mera decisão. Na ausência de qualquer fenômeno Igreja, a norma da punição escapa a qualquer determinação universal: é o reinado da *fatwa* contingente e brutal, que se esgota na decisão do assassinato ou do atentado.

Essa prática da *jihâd* repousa, por sua vez, numa interpretação de um dado da fé. Acabamos de mencionar a ausência do fenômeno Igreja. Ela favoreceu, no islã espiritual – o dos místicos e dos filósofos, artistas e poetas –, a liberdade da exegese, a prática que consiste em tratar o texto do Livro sagrado como se fosse escrito e revelado apenas para si. Essa liberdade singular degrada-se em princípio de terror no islã político. Em vez de uma hermenêutica pessoal e inventiva, vemos desdobrar-se a mera liberdade de decidir quem é ou não infiel: pluralização indefinida do julgamento e multiplicação anárquica da execução. A isso se combina a interpretação de um dado imediato da consciência religiosa. Admite-se, com efeito, que todo homem, Adão primeiro, nasce muçulmano, e que se torna outro sob os efeitos perversos da história, da cultura, da educação. Não existe direito natural, a não ser o mero direito de natureza reabsorvido nos predicados da própria natureza adâmica, que são os atos de obediência à Lei. Por violarem essa natureza adâmica, a maioria dos homens são portanto apóstatas, uma vez que renunciam à sua própria natureza, que se rebelam contra sua constituição primordial. A *fitra*, ou natureza primordial do homem, é interpretada em termos estritamente legais.

Segundo tal lógica, torna-se portanto imperativo eliminar a resistência dos homens à realização de sua natureza mais profunda, e a pena capital sanciona com todo rigor o seguinte: os homens não merecem mais ser respeitados. A morte pode então atacar até as crianças, já que o apóstata continua apóstata ainda que não esteja conscientemente em estado de guerra com o islã. Os homens, em sua grande generalidade, são inimigos sem o saber, e convém lembrar-lhes sua violação fundamental pela morte.

Não fizemos aqui senão apontar alguns momentos da consciência que determina a atitude do islã político. Desconstruir sua lógica é uma das tarefas atuais, se é que ao menos pensamos que ela poderia, *a contrario*, revelar as riquezas próprias ao islã espiritual. A situação do islã caracteriza-se, com efeito, pelo triunfo momentâneo da inspiração política sobre os horizontes espirituais. Estes são suprimidos nas práticas cada vez mais solitárias daqueles que lhes são fiéis. Não há dúvida de que é o islã que, com o tempo, será vítima dessa degradação, que retorna segundo uma temporalidade cíclica, todas as vezes que a perspectiva hermenêutica ou ética o cede à tentação de um Estado tão irreal historicamente quanto é pregnante no imaginário de seus detentores.

LEITURA SUGERIDA:

Leçons sur la philosophie de la religion, de Friedrich Hegel (Paris, Librairie Vrin, 1975).

Histoire de la philosophie islamique, de Henri Corbin (Paris, Gallimard, col. Folio, 1986).

Edith Stein, philosophe crucifiée, de Joachim Bouflet (Paris, Presses de la Renaissance, 1990).

O Deus de Edith Stein

Última filha de um casal de negociantes judeus profundamente religiosos, Edith Stein empreende estudos de filosofia que a levam a freqüentar a escola de fenomenologia de Göttingen, conduzida por Husserl, de quem se torna assistente. Por ocasião da morte de seu condiscípulo Adolf Reinach, passa, em 1917, pela experiência intuitiva de Deus; mais tarde, a leitura de *A vida por si mesma*, de santa Tereza d'Ávila, determina sua conversão ao catolicismo. Para Edith Stein, que se torna carmelita em Colônia em 1933 sob o nome de Tereza-Benedita da Cruz, a busca de Deus não pode ser reduzida a uma especulação filosófica, pois ela experimenta o mistério, encontrando graças à sua conversão ao catolicismo a significação e as riquezas de seu judaísmo natal: o Deus que ela encontra é o Deus da revelação, o de Abraão, Isaac e Moisés, que se encarnou em Jesus salvador. A metodologia filosófica continua sendo, na busca de Deus, um caminho obscuro, mas Edith Stein a supera através de uma abordagem mais luminosa, de ordem sobrenatural. Essa fé a levará a testemunhar pelo dom de sua vida, pela glória do Nome de Deus e da salvação de seus irmãos judeus: capturada pela Gestapo no Carmel d'Echt (Países-Baixos), morrerá nas câmaras de gás em Auschwitz em 9 de agosto de 1942.

"A idéia do ser eterno torna-se para o Eu, desde o instante em que este a apreende, a medida de seu próprio ser", escreve Edith Stein. "É assim que me reúno em meu ser a um outro ser que não é meu, mas aquele no qual se enraíza e se mantém o meu, embora este seja sem consistência e sem fundo. Posso chegar por duas vias a esse fundo de meu ser a que me reúno em mim mesma, nele reconhecendo o ser eterno. A primeira via é o caminho da fé: considerando que Deus se revela como Aquele que é, o Criador e Aquele em quem subsistem todas as coisas; e quando o Redentor diz: Aquele que crê no Filho terá a vida eterna (João, 3, 36), estas respostas são de perfeita clareza para as questões de meu próprio ser. E quando me diz pela boca dos profetas que está junto a mim mais fiel que um pai e uma mãe, que é o próprio amor, reconheço quão 'razoável' é minha confiança nesse braço que me carrega, e quanto insensato é todo temor de cair no nada — considerando que não me desprendo por mim mesma desse braço salutar. O caminho da fé não é a via do conhecimento filosófico. Ele é a resposta de um outro mundo à questão por este formulada."

COMPILADO POR JOACHIM BOUFLET

(Extraído de *Endliches und ewiges Sein*: o Ser infinito e eterno.)

SER

O que devemos fazer com o ser?

JEAN-LUC MARION

Fato de existir; essência, natureza; pessoa, indivíduo; realidade absoluta (por oposição ao mutável, ao sensível); (com uma maiúscula e acompanhado de "supremo") Deus.

Por que colocar ainda e sempre a questão do ser? Não teríamos outras preocupações — não perder a vida, não ceder à infelicidade, não aumentar o sofrimento do mundo etc. — a priorizar? Se sabemos o que perguntam tais questões, ainda não sabemos muito bem respondê-las. Mas o que devemos fazer com o ser? Será que temos de nos fazer de filósofos a esse ponto (o que aqui não é nenhum elogio) para com isso nos preocupar?

O que incomoda, nessa negação, *é* que seu bom senso se contradiz imediatamente. Pois o ser, que não queremos que *seja* questão nem que dele se ouça falar, já tomou a palavra na nossa. Para dizer que ele não *é* a questão, já foi preciso dizer *é*. E para negar esse direito à questão, será preciso logo dizer por quê, portanto dizer o que *é* este ser — que *é* absurdo, não *é* nada, não *é* um verdadeiro *ente*. Em suma, terá sido preciso cometer a contradição performativa que Pascal identificava: para refutar o ser, é preciso definir o ser, mas, para defini-lo, já é preciso dizer *é*, logo pressupô-lo. A questão do ser se propõe por si mesma, queiramos ou não. O ser já *é* sempre presente.

Vai ser portanto preciso dizer algo sobre ele. Ora, justamente, pode-se sempre dizer algo sobre ele, uma vez que qualquer coisa já *é* — ainda que falte determinar seu nível de ser: pode se tratar do nada, da cópula (A *é* B), da existência colocada etc. Decerto, entre existir e não existir, entre a existência e a simples cópula, a diferença parece enorme. Entretanto, só podemos avaliá-la se admitirmos que tudo nela se deixa reduzir ao ser. Não apenas no céu das idéias, mas nas coisas no dia-a-dia. Pois de tudo o que me advém, devo, para simplesmente vê-lo (em tamanho, peso, cores, preço, utilidade etc.), acabar por reconduzi-lo ao que ele *é* e perguntar se ele *é*, como *é* e em que condições *é*. Devo portanto pensá-lo na medida em que em geral ele *é*, ou não. Aristóteles, primeira e definitivamente, estabeleceu que "existe uma ciência que estuda o que é enquanto é" — e não, como cada uma das outras ciências, enquanto é isto ou aquilo, de tal tipo ou tal domínio, de tal região ou tal época. Enquanto ele é *ente*. Pode-se dizê-lo em francês desde pelo menos Scipion Dupleix, trinta anos antes de *O discurso do método* de Descartes.

A questão se coloca todos os dias, não apenas no céu das idéias. Mas o que nos ensina o estudo daquilo que existe no próprio ser?

Uma vez realizada essa primeira redução, começam as dificuldades. Pois como conceber esse ente, o *que é*? Precisamente como o que tem de ser. Mas, uma vez mais, o que *é* ter de ser? Primeira hipótese: "O ente ou então a *enticidade* — a essência" (*ousia*, diz Aristóteles). Nesse caso, como propriedade que faz ser esse ou aquele ente, a essência permanece singular (a do animado, do homem, de tal indivíduo etc.); ela torna possíveis ciências regionais (matemática, física, psicologia, cosmologia etc.), mas nada ensina sobre o próprio ser, nem sobre o que ele significa universalmente. Logo, paradoxalmente, passar ao ente corresponde mais a fechar a questão do ser do que a abri-la.

Daí a segunda hipótese: superar cada ente particular para atingir o ser como tal, como o universal. A redução abstrai então o ser das diferenças entre o finito e o infinito, o criado e o incriado, o acidental e o essencial, o movente e o eterno, o vivo e o inerte etc. No final, o que resta? O ente abstrato justamente, logo indeterminado, até mesmo confuso e vazio. Mas então, o que concebemos ainda? Precisamente, nada a não ser uma representação, pressuposta por todas as outras, mas sem peso real — não o ente, mas o conceito (objetivo) do ente. Esse resultado, tão inevitável quanto estranho, só autoriza por sua vez dois caminhos. Ou bem o ser reduzido ao conceito vazio do ente o define, no melhor dos casos, como uma identidade para si (A = A), uma não contradição racional, em suma a possibilidade lógica (foi a posição de Duns Scot e de Leibniz); perdeu-se então o aspecto sério do ser, pois a existência torna-se impensável. Ou então admitimos que o ente não leva a nada, ou antes ao nada, que ele se confunde com o nada; esta via radical e corajosa (a de Hegel e de Heidegger) reconhece pelo menos que o ser difere radicalmente do ente.

Esse duplo impasse pode suscitar uma rejeição brutal (por exemplo, Etienne Gilson): ser é ser realmente, segundo a existência pura e dura. É preciso então ousadamente inferir que

Uma vez reduzidas as diferenças entre o finito e o infinito, o criado e o incriado, o acidental e o essencial, o vivente e o inerte, o que resta?

só Deus é, até mesmo que Deus é o ser. Fácil dizer, difícil pensar. Pois, ou bem o ser convém a Deus — mas, já que por definição Deus deve permanecer incognoscível enquanto conceito, será preciso que o ser extravase a representação vazia do conceito objetivo de ente e assuma a condição de um "ato puro", tão "profundamente desconhecido" quanto Deus (e Tomás de Aquino chegará até aí). Assim, pensado a partir de Deus, o ser torna-se incognoscível. Ou então o ente permanece compreensível em seu conceito e identificá-lo a Deus corresponde a pretender submeter Deus a um conceito, logo a blasfemar-lhe a transcendência. Aqui pouco importa que esse conceito sirva para provar a existência ou a "morte" de "Deus", já que não se trata mais, em ambos os casos, senão de seu ídolo, submetido ao conceito metafísico que dele forjamos. Encerram-se assim ao mesmo tempo a questão do ser e a de Deus.

Uma via acaba de se fechar: o ser, jamais, poderá ser pensado a partir do ente, menos ainda a partir de seu conceito. Heidegger tematizou este princípio sob a expressão "diferença ontológica". Só resta então pensar o ser sem consideração pelo ente, seguindo portanto um procedimento exatamente oposto ao da metafísica, que sempre acreditou alcançar o ser fixando o ente supremo, que dele ofereceria o mais nobre exemplar (segundo sua "constituição onto-teo-lógica"). O ser apenas, em via direta? O próprio Heidegger, no entanto, não teve sucesso nessa estréia. Por duas vezes teve de renunciar. Primeiro, no início, com *Ser e tempo* (1927), quando ainda se apoiava num ente privilegiado, o ser-aí (*Dasein*), que, é claro, nunca consegue se reunir ao ser como tal. Depois, no final, com *Tempo e ser* (1962), em que o ser se encontra (da mesma forma que o tempo) submetido a uma nova instância — o acontecimento (*Ereignis*) — quando, de maneira não dissimulada, desaparece como tal. Assim, mesmo a reformulação radical *da* questão do Ser repetiria as aporias a que chegava a busca metafísica do ser do ente.

Deve-se a partir disso concluir o que Aristóteles anunciava do ser: "...Freqüentemente, agora e sempre buscado...", ele continuaria "sempre faltando"? Aqui, no entanto, abre-se outra possibilidade: o ser poderia colocar uma questão cuja resposta se formularia sem ele ou diferentemente dele; talvez o nome da questão não bastasse para dizer a extensão da resposta. Pois se para todo ente ser significa que ele nos advém (e ele nos advém à nossa revelia incessantemente), o que quer dizer por sua vez todo este advir? Com que direito o ente nos advém? Com o direito que tem o dado de se dar a partir de *si*. Ou seja, de se dar apenas de si: não a partir das condições que fixaríamos para sua fenomenalidade, mas de sua própria autoridade, surgindo através da presença como um presente e um dom, freqüentemente sem causa nem previsão, sem rima nem razão, até mesmo às vezes do próprio seio do impossível, sem espera nem retorno nem preço, em suma, como um puro dado. O que é o é à proporção que advém segundo seu fato consumado, sobre o modo do que se dá. Esse dado desdobra-se segundo sua doação, que não provém de nenhuma instância transcendente, mas de sua iniciativa imanente. A questão pode muito bem ainda ser dita "Ser ou não ser", mas a resposta é decidida conforme o dado se dê ou não.

LEITURA SUGERIDA:

Metafísica, de Aristóteles (P. Alegre, Globo, 1969).

Crítica da razão pura, de Immanuel Kant (Lisboa, Gulbenkian, 1989).

Ser e tempo, de Martin Heidegger (Petrópolis, Vozes, 2 vols., 1989).

Martin Heidegger ou a máscara do ente

"Por que existe algo em vez de nada?", interrogava-se Leibniz, substituído três séculos mais tarde por Heidegger. Questão primordial que o filósofo vai modelar assim como um poeta trabalha a língua. Qualquer explicação que pudéssemos formular quanto ao assunto pressupõe que admitimos a existência de algo, que Heidegger designa como o *ente* – pois como conceber que não exista nada? E no entanto essa interrogação não pode ser jogada fora impunemente. Ela é fundamental, pois nos reconduz ao fundamento das coisas e nos coloca numa situação propriamente filosófica, a do espanto diante do mundo. "Por que o ente é arrancado à possibilidade do não ser? Por que não recai nela por si mesmo e a todo momento? Por que o ente é? Com essa questão, colocamo-nos no ente de modo que ele perca sua evidência banal como ente."[1]

Tentemos fazer a experiência. O pedaço de giz branco que tenho na mão é uma coisa de forma e comprimento determinados e de certa cor. Mas ele poderia ser azul e mais comprido. Poderia igualmente não se achar na minha mão neste momento. Poderia até simplesmente não existir. É essa possibilidade que "põe a descoberto o ente em sua vacilação entre ser e não-ser". Logo o giz, como todo ente, deve seu ser ao ser. "O ente e seu ser, são a mesma coisa? O que é o ente, por exemplo, neste pedaço de giz? O ente significa primeiro o que é sendo, em cada caso; aqui, esta massa de um cinzento esbranquiçado, de forma determinada, leve, quebradiça. Podemos, além disso, facilmente compreender que aquilo de que falamos pode também não ser, que no fim das contas este giz não tem que ser aqui, nem que ser em geral. O que é então, diferentemente do que pode caber no ser ou recair no não-ser, o que é então, diferentemente do ente, o ser?[1]

"Nem sobre o ente, nem dentro do ente, nem onde quer que seja, não podemos apreender o ser do ente diretamente. Onde se esconde então o ser? De qualquer modo é preciso que algo desse gênero pertença ao giz, já que ele mesmo, este giz, é."[1] Há, portanto, certamente uma distinção fundamental entre o ente como coisa que é, dotada de um conjunto de determinações, e o que acontece a este ente, o acontecimento que lhe concerne: o fato de que ele está sendo. Pois é um "acontecimento" que a coisa vive, mesmo que ele não nos cause espanto de imediato. E aí reside a grande dificuldade. O ser como processo em ação no âmago das coisas é dissimulado na presença imponente das próprias coisas. Da mesma forma, podemos dizer também que o Ser é "dom" de todas as coisas, mas "um dar que dá apenas sua doação, mas que se dando assim, no entanto se retém e se subtrai".[2]

COMPILADO POR NATHALIE ZAMORA

1. *Introdução à metafísica*, de Martin Heidegger (Rio de Janeiro, Tempo Brasileiro).
2. "Tempo e ser", de Martin Heidegger (S. Paulo, Nova Cultural, col. Os Pensadores, 1997).

Desde quando o progresso ficou louco?

Jacques Julliard

PROGRESSO

Movimento avante, progressão no tempo; aperfeiçoamento, desenvolvimento dos conhecimentos, das capacidades de alguém; mudança gradual de uma situação por aperfeiçoamento ou agravamento; evolução da humanidade, da civilização.

A partir de quando deixamos de acreditar no progresso como os homens do século XIX? Podemos, por uma vez, responder de modo preciso: desde a Primeira Guerra Mundial. O fato de os dois povos que então encarnavam a ponta de lança da civilização, a França e a Alemanha, terem travado a mais estúpida, a mais sangrenta e a mais devastadora das guerras, apelando para os mais recentes aperfeiçoamentos da técnica, veio arruinar um dos postulados mais essenciais da religião do progresso, tal como nossos pais a haviam concebido, ou seja, que este ia dissipar definitivamente os dois flagelos do gênero humano: a estupidez e a maldade. Vejam todos os sumo-sacerdotes da religião do progresso no século XIX, Comte e Marx, Saint-Simon e Renan, Victor Hugo e Michelet: todos crêem que a ciência, apoiada sobre a técnica, inaugura uma era de felicidade para o gênero humano. Já no final do século XVIII, Condorcet, o maior profeta do progresso, havia descrito em páginas que se tornaram clássicas de seu *Tableau* as dez etapas desse avanço triunfal da humanidade rumo à ciência, à sabedoria e à felicidade. Nada-se então no otimismo e na esperança trazida por todas as grandes filosofias da história. No final do século XIX, a III República está mergulhada por inteiro na euforia positivista. "O mundo é doravante sem mistérios", segundo as palavras de Berthelot. Ele é sem medo e sem ódio. O socialismo, tanto o de Marx quanto o de Jaurès, não faz senão acrescentar um toque social a essa filosofia política; não a contradiz. Muito pelo contrário, pretende consumá-la.

E em seguida, subitamente, aquele mergulho brutal na barbárie ancestral chamada Grande Guerra. Nós, europeus, nunca nos refizemos dessa síncope da civilização: Verdun é o túmulo das esperanças do espírito humano. Menos de quinze anos após o armistício que não resolve nada e o tratado de Versalhes que complica tudo, Hitler aparece e dá o golpe de

Considerado o promotor da felicidade para o gênero humano, esse culto dos Tempos modernos ruiu em Verdun e em Auschwitz. Ainda podemos acreditar que o progresso nos trará um futuro?

misericórdia na religião do século XIX. Que o país de Goethe, Beethoven e Einstein seja também o inventor de Dachau e Auschwitz, eis o que vem arruinar os fundamentos do novo evangelho pregado por Condorcet, segundo o qual o progresso científico e técnico ia assegurar não só o bem-estar da humanidade, mas também seu aperfeiçoamento moral. Sim, o século XX é de fato testemunha dessa "perfectibilidade do espírito humano" de que, primeiro, havia falado Rousseau; mas ele parece também dar razão a seu pessimismo, que previa que o progresso das artes e das ciências teria por conseqüência inelutável a decadência da humanidade. A perfectibilidade do espírito humano, que tende a fazer dele um deus, faz dele também Lúcifer, o gênio do mal. *Corruptio optimi pessima.* Não é, ou não é somente, porque ele parece levar a desumanização a seu apogeu, que o nazismo inverte, em pleno século XX, a curva do progresso; é porque essa desumanização é façanha de uma das nações mais modernas e mais civilizadas do planeta. Por mais grave que tenha sido a recaída na barbárie que acompanhou o advento do comunismo na Rússia, podia-se sempre invocar o atraso do país. Mas a Alemanha? Mas Heidegger? Que um dos maiores filósofos do século tenha consentido, é o mínimo que se pode dizer, com o nazismo, eis o que é novo, eis o que nos perturba. É possível imaginar um filósofo do século XIX, seja qual for, num papel similar?

Nunca é demais ressaltar: a visão do progresso que se afirmou ao longo do século XIX é o resultado de uma evolução que remonta a um só tempo ao pensamento grego e ao pensamento judaico. Contrariamente ao que se afirmou por muito tempo, não se pode opor uma concepção *cíclica*, herdada do primeiro, a uma concepção linear, herdada do segundo. Os gregos representaram o tempo simultaneamente como um contínuo recomeçar — tema do eterno retorno — e como uma sucessão orientada — tema da irreversibilidade. A pátria de Hesíodo e de Tucídides não pode ser estranha à própria noção de história. Por sua vez, os profetas do Antigo Testamento colocaram o tempo, e mais precisamente a evolução, no centro de sua visão. Alguns, como Jeremias, são profundamente pessimistas e prevêem a decadência do povo judeu. Outros, como

Isaías, vêem a idade de ouro diante deles, marcada pela paz ("Das espadas faremos relhas de arados") e pela reconciliação do homem com a natureza ("O lobo viverá com a ovelha"). O profeta Daniel, enfim, escande o tempo em eras sucessivas, mas é o Novo Testamento que instala nossa visão "etapista" do tempo. A aparição de Jesus Cristo na Terra introduz a idéia de um *antes* e de um *depois*. É esta *teologia da história* que triunfa com santo Agostinho, primeiro grande filósofo da temporalidade moderna.

Mesmo no apogeu da religião do progresso, sabia-se que ele jamais se manifestaria na arte ou na filosofia.

É essa visão de um tempo orientado, progressivamente laicizado, que predomina no século XIX. Desde o século XII, o monge calabrês Joachim de Flore substitui audaciosamente a visão binária (o *antes* e o *depois* de Jesus Cristo) por um tempo terciário, com suas três idades: a idade do Pai, a idade do Filho, a idade do Espírito. Bastará aos agitadores sociais afirmarem que esta última advirá em breve sobre a Terra e verá o advento do reinado da justiça para que passemos pouco a pouco de uma teologia da história ou, caso se prefira, do milenarismo cristão ao socialismo moderno: longa evolução escandida pelo duplo movimento da revolta social e do pensamento filosófico, que vai de Thomas Münzer a Marx. O Espírito Santo de Joachim de Flore torna-se insensivelmente o Espírito do mundo de Hegel. O que equivale a dizer que a história da idéia de progresso é consubstancial ao devir do Ocidente, desde a Idade Média até a aurora da modernidade.

E bastou a crença no progresso, isto é, a idéia do aperfeiçoamento infinito da espécie humana, desmoronar, bastou, em suma, a religião do progresso, religião cívica, religião de substituição, equivalente moral do cristianismo num mundo pós-cristão, deixar de ter valor, e eis a humanidade definitivamente atéia. Atéia acerca de tudo: acerca do futuro, da idéia de Bem e talvez de si mesma.

É neste ponto preciso que nos encontramos hoje. Naturalmente o progresso material, fruto da ciência e da técnica, está sempre aí, e até mais do que nunca. Subverte o mundo inteiro, e não apenas o Ocidente, que o concebeu e engendrou sob sua forma moderna. Põe em questão as religiões e as ideologias, as crenças e os gêneros de vida. Só que, em razão do que foi dito mais acima, o progresso mudou de status. De solução, tornou-se problema. A prova? A ecologia. A ecologia que está substituindo o socialismo como ideologia alternativa. O socialismo, como o nome indica, era antes de tudo uma crítica social do sistema industrial. A ecologia é sobretudo uma crítica técnica. A primeira situava-se a montante: mudemos o motor! A segunda intervém a jusante: modifiquemos o motor! Pela primeira vez, talvez desde a Revolução Francesa, eis uma corrente política reconhecida como componente da esquerda que prega não a mudança, não o progresso, mas a preservação: a da natureza, mas, para além da natureza, dos gêneros de vida, da civilização. É uma data: aquela em que os progressistas constatam oficialmente os danos do progresso.

Naturalmente, resta a esperança de que o progresso material possa transformar-se em progresso social. E de fato, nos países industriais, o nível médio de vida aumentou. Sem que, aliás, as desigualdades diminuíssem. A esperança de vida alongou-se. A vida tornou-se menos penosa. As mulheres alcançam lentamente a igualdade. E há, além disso, o mundo menos desenvolvido, ou francamente subdesenvolvido, para o qual o progresso material e social permanece o motor principal.

Em contrapartida, renunciamos à idéia de que esse progresso material e mesmo social pudesse por si só forjar um mundo novo e, com mais forte razão, um homem novo. Mesmo no apogeu da religião do progresso, sabia-se bem que ele nunca existiria em certos domínios, como a arte ou a filosofia. Picasso não é superior a Da Vinci, nem Kant a Platão. Mas sobretudo, não ousamos imaginar um progresso moral da humanidade repousando sobre uma melhoria das condições de existência. À eterna questão moral, a escatologia progressista dava uma resposta social. Dito de outra maneira: comecemos por melhorar a sociedade; a reforma do indivíduo se seguirá necessariamente. O progresso não respondia à velha questão do mal, acuada no fundo da inquietude religiosa: ele a contornava. Esse otimismo sistemático não é mais de rigor. Não apenas sabemos que não é eficaz, mas suspeitamos inclusive que seja criminógeno.

LEITURA SUGERIDA:

La Postérité spirituelle de Joachim de Flore, de Henri de Lubac, 2 vols. (Paris, Letheielleux, 1979).

Esquisse d'un tableau historique des progrès de l'esprit humain, de Marie Jean Antoine Nicolas Caritat, marquis de Condorcet

(*cont.*)

Como bem viu Hannah Arendt, Auschwitz trouxe a questão metafísica ao âmago da inquietude humana: por que existe um mal radical, e como se comportar em relação a ele? Certo, em nosso mundo, o progresso não está morto. É até intrusivo. Mas, grandes deuses, como se tornou modesto!

(Paris, Flammarion, col. GF, 1988).

L'Ordre du temps, de Krzysztof Pomian (Paris, Gallimard, 1984).

Pascal, o moderno

Existem dois caminhos históricos, por assim dizer paralelos, da idéia de progresso. O primeiro é evocado no texto anterior. Passa pela secularização gradual da teologia da história inerente ao Antigo e ao Novo Testamento, e mais ainda à passagem de um a outro: visão escatológica onde o ideal socialista de uma reconciliação do homem com o homem substitui o advento do reino de Deus. De suas origens cristãs, esta visão filosófica do progresso conservará sempre algo de profético. Nada espantoso que se tenha tão facilmente transmudado em verdadeira doutrina de salvação.

Mas existe outra idéia de progresso, esta de natureza científica, cujo caminho pode ser avaliado através da obra dos dois Bacon: Roger Bacon, "o Doutor admirável" do século XIII, que, entre os pioneiros, tem a idéia de um progresso do conhecimento graças à experiência, e Francis Bacon (1561-1626), que foi chanceler da Inglaterra ao mesmo tempo que filósofo, e que define as grandes linhas de um método científico experimental fundado sobre a indução, isto é, a passagem do conhecido ao desconhecido. Há portanto possibilidade a cada instante de se aumentar o estoque de conhecimentos disponíveis sobre a natureza.

É nessa linhagem que se inscreve Pascal através de seus trabalhos científicos. Isso ressalta claramente de um texto importante, que ficou por muito tempo inédito e que só nos chegou ao conhecimento a partir de 1779. Trata-se do prefácio, não concluído, de um grande *Tratado do vazio* que ele tampouco concluiu. Esse texto deve com toda certeza ser de 1651. Quase quarenta anos antes que explodisse a querela dos Antigos e dos Modernos, Pascal toma firmemente posição em favor destes últimos, insurgindo-se contra o respeito tingido de carolice atribuído às autoridades antigas. E para combater essa absurda religião dos Antigos, em outras palavras o imobilismo intelectual sob todas as suas formas e a recusa do próprio princípio da pesquisa científica, Pascal não vai buscar seus argumentos em outro lugar senão na atitude dos próprios Antigos. Que outra coisa fizeram eles, quando estabeleceram essas opiniões que são hoje reverenciadas quase religiosamente, senão inovar em relação a seus predecessores? "Pois o que há de mais injusto do que tratar nossos Antigos com mais moderação do que eles tiveram com aqueles que os precederam, e de ter por eles esse respeito inviolável que só mereceram de nós porque não tiveram semelhante por parte dos que tiveram sobre eles a mesma vantagem?"[1]

Isso é, continua Pascal, injuriar a razão humana, e rebaixá-la ao instinto animal, recusar até em seu princípio o progresso das ciências. O instinto animal procede de maneira essencialmente reprodutiva, ao passo que a inteligência humana produz efeitos cumulativos. Cabe portanto representar a humanidade não como a duplicação ao infinito, no espaço e no tempo, de um mesmo espécime, mas pelo contrário como o desenvolvimento orgânico e contínuo de um único indivíduo com uma infância, uma idade madura e uma velhice: "De modo que toda a seqüência dos homens, durante o curso de tantos séculos, deve ser considerada como um mesmo homem que subsiste sempre e que aprende continuamente."[2]

Nessa perspectiva, são os Antigos que estão mais próximos da infância da humanidade, ao passo que nós somos os verdadeiros Antigos. Eis, portanto, bem estabelecido o próprio princípio do progresso científico. Pode-se, por isso, afirmar que ele se aplica uniformemente em todos os domínios do saber? Retomando uma distinção que encontramos – nada de espantoso – no *Augustinus* de Jansênio e no *Novum organum* de Francis Bacon, eles próprios inspirados no médico espanhol Juan Duarte, Pascal faz aqui a distinção entre as ciências que derivam da memória ou da instituição divina, onde se trata antes de tudo de recorrer aos livros que foram escritos – isso é válido para a história, a geografia, as línguas e, mais ainda, a teologia –, e as ciências que derivam da observação ou do raciocínio, tais como a geometria, a aritmética, a música, a física, a medicina, a arquitetura: sabemos mais em todos esses domínios do que aqueles que nos precederam e menos do que aqueles que nos seguirão. Assim estão salvaguardados os direitos da teologia e liberados aqueles da ciência experimental.

Não se encontram mais muitos vestígios dessa atitude progressista em Pascal, além do célebre "Memorial" de 23 de novembro de 1654. A partir daí, ele se volta quase que por inteiro para a teologia, ali onde a seus olhos a própria noção de novação perde o essencial de seu sentido. Porém, na décima oitava e última das *Cartas provinciais*, publicada em 6 de maio de 1657, Pascal, citando são Tomás, afirma que não devem ser tomadas em sua literalidade as afirmações manifestamente errôneas da Escritura, como aquela que parece fazer da Lua um corpo maior que as estrelas. Com mais forte razão, a ciência não se deve curvar diante da autoridade religiosa, quando esta se aventura em um terreno que não é seu: "Foi também em vão que obtivestes contra Galileu este decreto de Roma que condenava sua opinião no tocante ao movimento da Terra."

Da mesma forma o rei de Espanha fez bem em acreditar, quanto à existência dos antípodas, em Cristóvão Colombo que de lá vinha, em vez de no papa Zacarias que lá não fora... Há com certeza, teríamos imaginado, alguma relação entre a atitude do Pascal jansenista, que é fundada sobre a independência do espírito, e a do Pascal científico, que repousa sobre a crença no progresso.

JACQUES JULLIARD

1. *Oeuvres complètes*, tomo I (Paris, Gallimard, col. Pléiade, p. 455 e 456). Cito aqui Pascal conforme a nova edição, organizada por Michel Le Guern, que compreenderá dois volumes e será daqui por diante obra de referência.
2. Idem.

MAL

O que causa dor, sofrimento, infelicidade; o que é ruim, nocivo, penoso; sofrimento físico, doença; dor moral; o que é contrário ao bem, à virtude, à moral; o que é suscetível de prejudicar, de fazer sofrer.

Deve-se compreender o mal?

ELIETTE ABÉCASSIS

O mal é um mistério, um enigma para o pensamento. Diante do envelhecimento, do sofrimento ou da morte, das catástrofes naturais e todas as injustiças da existência, pode-se apenas formular a questão de Jó: por quê? Diante do outro tipo de mal, o mal moral, o mal humano, a famosa questão acerca da Segunda Guerra Mundial — como puderam fazer isso? — mostra um pensamento que parece parar, como se se encontrasse diante de um muro intransponível. Entre a banalidade, a normalidade e a demência de sua inventividade, pode o mal ser caracterizado? Qual é a origem do mal, e qual é seu fundamento? Pode-se e deve-se responder a esta questão?

O primeiro tipo de mal que devemos analisar é o mal humano em sua expressão mais comum, o ódio ao outro, sentimento que leva a querer a destruição do próximo. O mal, enquanto ódio, é consciência: não se pode odiar sem saber que se odeia. Além disso, o ódio ao outro pode inclusive ser a fonte da consciência de si: detestar é existir em face do outro e, portanto, em face de si mesmo.

O fato de que o mal humano em sua essência seja consciência não significa que seu fundamento é a crueldade. A frase do nazista Hermann Göring "Nunca fui cruel" é reveladora a esse respeito: o mal não é crueldade quando ele próprio se justifica como sentimento ou razão. Entretanto, ele pode eleger-se como crueldade, que é uma de suas modalidades. Fazendo parte da crueldade, há a brutalidade, ou ainda o sadismo, que consiste em rir-se das vítimas com deleite. Mas o mal também pode ser vivido como bem, como desejo e meio de justiça. O mal humano sistematizado tem certos componentes psicológicos positivos: o zelo, a constância, a força, a determinação. Mais do que pelo zelo, o mal humano caracteriza-se pela "boa vontade". O perfeccionismo do mal consiste em estar sempre pronto a realizar más ações, em ultrapassar as

As antigas cosmogonias ou as grandes religiões se erigiram em verdadeiras muralhas contra o mal. O que nos protegerá no futuro?

ordens, em ir além do que é exigido. É por isso que o mal deve ser diferenciado da violência, que se exprime espontânea e amoralmente. O mal pensa, pode inclusive ancorar-se numa filosofia, uma cosmologia, que consiste em excluir o outro do universo, numa visão política — a supressão daqueles julgados anti-sociais, o antipovo —, assim como numa geografia: o território nacional, por exemplo.

O mal, quando se exprime em pleno âmago da civilização, chama-se barbárie. O ódio socializado é um ódio neutro, eticamente justificado, normalizado. A construção social do mal inclui também uma construção ideológica — pela ciência, a biologia e a medicina — como corpo de idéias e como autoridade, pela religião e a ética, quando são os suportes do fanatismo, para fundar a política do mal organizado, ou totalitarismo. É na idéia moderna de civilização, e da democracia fundada sobre o contrato social, que sobrevieram a escravidão, a guerra, a exploração e os campos de extermínio.

Do mesmo modo, o mal tornado norma contradiz toda idéia de empatia. A piedade quase animal sentida em presença do sofrimento, igual à simpatia — que, segundo Max Scheler, é o primeiro sentimento que nos leva intuitivamente ao outro —, é inoperante em face da pregnância do mal humano. Em face do mal assim descrito, coloca-se o problema de saber se se trata de um mal que faz parte da natureza humana, fato primordial, fundador da relação com outrem, ou, pelo contrário, um fato circunstancial a mais. Em outros termos, qual é a origem do mal?

O problema da origem do mal está ligado ao da origem do mundo. Este problema, na perspectiva teológica, enuncia-se assim: como conceber que um ser perfeito possa estar na origem do mal? A resposta de santo Agostinho é que o mal, não tendo ser, não é portanto objeto de uma criação. Assim, santo Agostinho nega a substancialidade do mal contra o dualismo gnóstico, que colocava a existência de dois princípios a governar o mundo, duas substâncias, e duas entidades divinas, uma boa, outra má. O cristianismo medieval, após tê-lo combatido, retomará por sua conta este dualismo, com a idéia do diabo.

Entretanto, ainda que não seja uma substância, o mal existe, e o problema que ele coloca, seja qual for, em relação à idéia de Deus permanece o da criação de um mundo imperfeito por um ser perfeito. Este problema é também o do mal cosmológico, isto é, o da presença do mal no universo, de que não somos culpados, mas de que somos, ao contrário, as vítimas impotentes. É esse problema que a teodicéia pretende resolver, com a idéia da harmonia preestabelecida, segundo a qual um mal em nosso nível pode ser um bem em um nível superior. Assim, poder-se-ia conceber que Deus existe, e que existe o mal, que seria apenas o resultado de nossa ignorância de um desígnio mais vasto. Voltaire, contra Leibniz, revoltou-se o bastante contra essa teoria com o exemplo do terremoto de Lisboa em 1755.

Para santo Agostinho, Deus, ao criar o mundo, não foi capaz de criar o mal. O mal é portanto sem substância.

Ao transpormos o problema do mal cosmológico para o do mal humano, tal como ele se exprime, de modo radical, na Shoah, vemo-nos diante da mesma aporia: pode-se dizer da Shoah que ela é um sofrimento em vista de uma redenção futura, e que a mão divina estava presente no que se passava em Auschwitz, assim como o supõe João da Cruz no Monte Carmelo?

Não. Em face desse mal, pode-se apenas recolocar em questão a concepção clássica de um Deus intervindo na história por sua providência, ou retribuindo a cada um de acordo com seu mérito. Para o filósofo Hans Jonas, em *O conceito de Deus após Auschwitz*, não é a idéia de Deus que é recolocada em questão pelo mal, é a concepção que dele nos fazemos como senhor da história. Que Deus pôde deixar fazerem isso? Isso só pode ser um Deus ausente do mundo, um Deus que se retirou do mundo para deixar lugar ao homem. Por conseguinte, parece que a verdadeira questão colocada pelo mal não é a de Deus, e menos ainda a do diabo, mas a do homem. A questão torna-se: qual foi o homem que pôde deixar fazerem isso? O homem tem uma incapacidade radical de aceitar a ética?

Segundo Emmanuel Levinas, a transcendência do rosto de outrem compromete minha relação ética, minha responsabilidade incondicional. Entretanto, diante da vulnerabilidade ao outro, através do rosto, a primeira idéia que se desenvolve entre o outro e mim seria o respeito, ou justamente a possibilidade do assassinato? Esse "incidente mais banal da

Não existe código, tampouco forma ou estilo de expressão articulada que sejam adequados para compreender a Shoah.

história humana" aspira à negação total de um ser. Prolongando a temática hegeliana-sartriana, cabe desenvolver uma tese mais radical que a da luta mortal pelo reconhecimento. Com efeito, esta última visa apenas negar a independência do outro, o que consiste em conservar o outro para si. Mas conservá-lo (*aufheben*), é também carregar consigo essa dimensão transcendente, dimensão outra cujo rosto é a imagem, que faz com que o outro me escape sempre. Ora, a alteridade que se exprime no rosto fornece matéria para a negação total. Assim, a significação verdadeira e primeira da transcendência do outro, cujo rosto é a expressão original, é o apelo ao assassinato.

Após o requestionamento da idéia de Deus, de teodicéia e de teologia, até mesmo de religião como muralha contra o mal, ou ainda de civilização, vemos que o mal repõe em questão a própria idéia do humano. Chegamos aqui, portanto, a duas conclusões: o mal não é uma substância, mas é o fato humano originário da relação intersubjetiva. Assim, o mal humano parece provir simplesmente do encontro de um homem com outro homem, da mesma forma que o mal cosmológico é inerente à ordem do mundo. Portanto, a verdadeira questão torna-se: o que fazer em face do mal?

A memória é freqüentemente invocada para a transmissão de um passado coletivo a fim de que ele não se repita. Nessa transmissão, a história desempenha um papel determinante. Seu objeto de estudo por excelência é o mal, pois acontecimento histórico é antes de tudo guerra e injustiça. Querendo compreendê-lo, o historiador vê-se a racionalizar o mal. Ora, o mal excede todas as categorias da inteligibilidade, a gramática e a razão, o mundo do conceito e o do vocabulário. Não há incorporação inteligível, não há significação, não há código, não há forma nem estilo de expressão articulada que sejam adequados para compreender, por exemplo, o acontecimento da Shoah: não há forma de linguagem que seja apta a defini-la. A eloqüência sobre Auschwitz é uma obscenidade. Resta o silêncio — mas ele é suicida. Alguns baniram o alemão de sua cultura. Outros disseram que a única linguagem inteligível, responsável, sobre a Shoah era o alemão, pois só as palavras que queimaram podem ressuscitar. É possível descrever os atos, de um ponto de vista exterior, mas jamais se conseguirá explicar por que os nazistas prosseguiram com a Shoah quando uma suspensão teria ajudado o Reich a sobreviver, tampouco por que a unidade da polícia, composta de hamburgueses pais de família, exterminou os judeus nos guetos da Polônia.

Em face do mal, a noção de causa se dissolve, bem como a de sentido. Elas não se mantêm perante esse tipo de morte inventada pelo homem. Ou então: é sempre a mesma missão, a de Heródoto; dar novamente à nação um sentimento de orgulho e de identidade nacional. Contar os fatos bárbaros dos heróis para aguerrir o cidadão, o que corresponde a justificar o injustificável.

Da mesma forma, os artistas vêem-se diante dessa aporia que é para eles o irrepresentável. O mal seria o limite da arte? Não, pois é um objeto essencial para a arte. Mantém relações íntimas com ela. Mas representar o mal é cair na obscenidade e no voyeurismo: representar o mal é como que compreendê-lo, propagá-lo. Não se deve escrever poemas após Auschwitz, disse Theodor Adorno. Com efeito, fazer poemas após Auschwitz tem algo de abominável. A alternativa é passar a outro tipo de literatura, outro tipo de música, de pintura, de escultura, o que tenta o movimento dos "Antimonumentos", esculturas desaparecendo ou escondendo-se da vista do público.

Com o mal, não há diálogo possível, não há face a face. Em *De Dieu qui vient à l'idée*, Emmanuel Levinas, comentando um livro de Philippe Nemo, diz que o mal é excesso, e define a qualidade do mal como "esta não-integralidade mesma". O mal, definido pela exterioridade, pela transcendência, é a descoberta paradoxal da transcendência.

O mal humano resulta pois a um só tempo de uma construção cognitiva complexa, que vai da idéia da geografia à de partilha do território, da idéia da moral à de partilha dos valores, da idéia política do contrato social à de campo de extermínio, e de uma origem ontológica, metafísica, que é simplesmente o encontro do homem com o homem.

Vemos, portanto, que o mal é o limite da arte, o limite do pensamento, o limite da filosofia. O mal é o limite do humano no humano. O próprio do mal é sua transcendência.

LEITURA SUGERIDA:

Le Mal, de Paul Ricœur (Paris, Labor et Fides, 1986).

Le Concept de Dieu après Auschwitz, de Hans Jonas (Paris, Rivages, 1989).

"Transcendance et mal", in *De Dieu qui vient à l'idée*, de Emmanuel Levinas (Paris, Vrin, 1982).

Transcendente, o mal é também uma descoberta paradoxal da transcendência de um elemento irredutível, incompreensível, de um elemento que não faz sentido, e ao qual conferir um sentido é uma abominação. Compreender o mal, racional ou simbolicamente, é portanto ser possuído pelo mal, cuja propriedade é espalhar-se, feito doença contagiosa. É talvez também a significação simbólica do mito do diabo: o diabo, dizem, é legião.

Paul Ricœur:
"Crer em Deus, *apesar de...*"

Este é o texto de uma conferência apresentada por Paul Ricœur na Faculdade de Teologia da Universidade de Lausanne em 1985. É dedicado à análise do mal como questionamento de uma certa maneira de pensar, e como desafio para a filosofia e a teologia. A filosofia de Paul Ricœur é perpassada pela questão do mal, pelas questões da hermenêutica, da ética e da política, ou ainda pela análise que ele faz do voluntário e do involuntário: através do ato voluntário, o homem descobre-se falível num mundo que lhe resiste. É esse dilaceramento entre o finito e o infinito, fraqueza do homem, que o torna livre diante do erro. Entretanto, a experiência do erro resiste à compreensão humana. O mal, que escapa a qualquer conceituação, só pode ser dito pela linguagem do mito ou da religião, pelo reconhecimento da culpa por exemplo. Esta *simbólica do mal* revela a obsessão do erro, o temor que resulta do estupro da lei moral, e portanto a emergência da consciência em face do erro cometido. Se é portanto impossível pensar o mal que desorienta o princípio da não-contradição, como achar resposta para o mal e como dizê-lo? Eis o objeto desse texto, no qual Paul Ricœur analisa três vias que constituem respostas possíveis para o mal, tomando o *trabalho de luto* descrito por Freud como modelo de uma distância posta entre o mal e o eu.

A primeira resposta é a da ignorância face ao porquê do mal, que deve permanecer tal, que não deve buscar resposta. Como diz o teólogo Karl Barth, "explicar o mal é eliminar o escândalo". A segunda é a queixa, que traduz a sensação de escândalo diante do mal, cujo testemunho está presente na obra de Elie Wiesel: o trecho de *A noite* onde, diante da criança enforcada, o narrador se pergunta: "Onde está Deus?" permanecerá o exemplo mais impressionante do grito humano de revolta diante do mal. Esse enforcamento é uma anticrucificação, pois é Deus quem está morto nessa forca, mas para jamais ressuscitar: em face desse mal, não existe sentido, não há redenção. A terceira resposta, que talvez prolongue esta mais do que a contradiga, é a crença em Deus, *apesar* da presença do mal, o que constituiria um puro ato-de-fé. Mas sem apelar para a fé, não se poderia dizer que, para aqueles que passam pela experiência do mal, uma outra resposta possível é disso dar testemunho? Este seria o sentido de uma eleição fundada não sobre o sofrimento e o mal, mas precisamente sobre o fato de transmitir seu absurdo.

"Gostaria de considerar a sabedoria, com seus prolongamentos filosóficos, como uma ajuda espiritual ao trabalho de luto, visando uma mudança qualitativa da lamentação e da queixa. O itinerário que vou descrever não aspira a nenhuma exemplaridade. Ele representa um dos caminhos possíveis ao longo do qual o pensamento, a ação e o sentimento podem caminhar lado a lado. A primeira maneira de tornar a aporia intelectual produtiva é integrar a *ignorância* que ela engendra ao trabalho de luto. À tendência dos sobreviventes de se sentirem culpados pela morte de seu objeto de amor, pior, à tendência das vítimas de se acusarem e de entrarem no jogo cruel da vítima expiatória, é preciso poder revidar: não, Deus não quis isso; menos ainda quis ele punir-me. Aqui, o fracasso da teoria da retribuição, no plano especulativo, deve ser integrado ao trabalho de luto como uma libertação da acusação, que põe de certa forma o sofrimento a nu, enquanto imerecido. Dizer: não sei por que as coisas acontecem assim, existe acaso no mundo, eis o grau zero da espiritualização da queixa devolvida simplesmente a si mesma.

"Um segundo estágio da espiritualização da lamentação é deixá-la difundir-se como queixa contra Deus. É nessa via que toda a obra de Elie Wiesel está empenhada. A própria relação da Aliança, na medida em que é um processo mútuo que Deus e o homem se intentam, convida a se engajar por essa via, até articular uma 'teologia do protesto'. Esse protesto é contra a idéia da 'permissão' divina, que serve de experiência em tantas teodicéias, e que o próprio Barth empenhou-se em pensar, quando distingue entre a vitória já adquirida sobre o mal e a plena manifestação dessa vitória. A acusação contra Deus é aqui a impaciência da esperança. Ela tem sua origem no grito do salmista: 'Até quando, Senhor?'

"Um terceiro estágio da espiritualização da lamentação, instruída pela aporia da especulação, é descobrir que as razões de crer em Deus nada têm em comum com a necessidade de explicar a origem do sofrimento. O sofrimento só é um escândalo para quem compreende Deus como a fonte de tudo o que é bom na criação, inclusive a indignação contra o mal, a coragem de suportá-lo e o impulso de simpatia para com as vítimas; cremos então em Deus *a despeito* do mal [...]. Crer em Deus, *apesar de*.., é uma das maneiras de integrar a aporia especulativa no trabalho de luto."

Compilado por Eliette Abécassis

(Extraído de *Mal, un défi à la philosophie et à la théorie*, Paris, Labor et Fides, 1986, p. 41.)

A incerteza é nossa única certeza?

JEAN BAUDRILLARD

INCERTEZA

Caráter daquilo que não pode ser determinado, conhecido antecipadamente; o que não pode ser estabelecido com exatidão, o que deixa lugar à dúvida; coisa imprevisível; estado de uma pessoa incerta sobre o que fará.

Todo o problema está em abandonar um pensamento crítico que é a própria essência de nossa cultura teórica, mas que deriva de certo modo de uma história e uma vida anteriores. Fazer enfim, assim como fizemos a análise determinista de uma sociedade determinista, a análise indeterminista de uma sociedade indeterminista — de uma sociedade fractal, aleatória, exponencial, aquela da massa crítica e dos fenômenos extremos —, de uma sociedade inteira dominada pela relação de incerteza.

A questão não é portanto a da metáfora e do abuso das metáforas "científicas" — isto é: há verossimilhança e coerência em estender a todos os domínios um princípio, o da indeterminação e da incerteza, vindo de outro lugar? Não estamos mais na metáfora. A questão é: o que acontece com a física quântica, com a física dos fractais e das catástrofes, do princípio radical de incerteza em *nosso* universo, no universo humano, no universo moral, social, econômico e político? Não se trata, portanto, de transferir os conceitos vindos dos confins da ciência física, biológica, cosmológica como metáforas ou como ficção científica, mas de transfundi-los no âmago do mundo real, nos dois universos. De concebê-los literal e simultaneamente. De fazê-los surgir do mundo real como objetos teóricos não identificados, como conceitos originais, como atratores estranhos — o que já são no microcosmo científico, que eles revolucionaram, mas também em nosso macrocosmo, em nosso universo dito real e em nosso tempo linear, que eles estão subvertendo da mesma forma sem que disso tenhamos realmente consciência.

O fractal, a relação de incerteza, o caos não são privilégio do campo científico; estão por toda parte ativos, aqui e agora, na ordem dos costumes e dos acontecimentos, sem que haja prioridade de um sobre outro. Isso faz inclusive parte da incerteza de que não possamos dizer se tal intuição da ciência

Que o mundo seja aleatório e indeterminado, a ciência não é a única a afirmá-lo. Não é o que ressalta hoje da vida social, moral, política?

é relativa a tal estado da sociedade ou a tal momento da história — ou o inverso. Esse problema de relação causal e de mecânica disciplinar é ele próprio um problema determinista, não tendo portanto sentido. Tudo isso irrompe simultaneamente, e cabe deplorar a impotência de nosso pensamento e de nosso discurso, incuravelmente causal e determinista, em enfrentar essa simultaneidade de nosso universo material e mental. A cada um, aliás, a liberdade de ter sobre tudo isso o juízo filosófico que quiser: o uso, metafórico ou não, dos conceitos da ciência justamente não acarreta verdade objetiva, somente efeitos de verdade — já que não há mais, segundo o próprio princípio de incerteza, definição dessa ciência, não mais que de nosso mundo *real*.

Quando o pensamento teórico apela para a incerteza, a antimatéria, os vírus, a massa crítica, quando apela para o biológico, o microfísico, o cosmológico, não se trata portanto de metáfora — a qual supõe sempre um sujeito que explore o mundo a partir de sua posição privilegiada de sujeito, e da posição da linguagem (ainda que, segundo Lacan, seja a linguagem que o pense!) —, mas de uma correlação, simultânea e em todos os registros, do mesmo princípio de incerteza, de homologias escorando-se uma na outra, sem outra definição nem verificação a não ser essa convergência, que não é a da verdade, mas de uma espécie de pensamento objetal, pensamento oriundo do objeto e onde o sujeito não mais está para nada. Não se deve sobretudo confiar no sujeito caso se queira escapar à verdade. Deve-se confiar no objeto, e no filtro do objeto, em particular no filtro teórico de todos esses objetos novos surgidos para além de nosso horizonte.

Doravante, não é mais o Humano quem pensa o mundo, é o Inumano quem nos pensa. Não podemos mais entender o mundo a não ser a partir de um ponto ômega exterior ao Humano, a partir de objetos e hipóteses que desempenham para nós o papel de atratores estranhos. Outrora o pensamento já flertara com esse tipo de objetos nos confins do Inumano — com as sociedades primitivas, por exemplo, pondo em questão o humanismo ocidental. Mas hoje é preciso ver mais longe que esse pensamento crítico, em direção a objetos bem mais estra-

A incerteza do pensamento é uma conseqüência da incerteza do mundo, ou ela faz oscilar o mundo na incerteza?

nhos, portadores de uma incerteza radical, e aos quais não podemos mais de modo algum impor nossas perspectivas.

A única esperança reside num pensamento criminoso e inumano. Pois o próprio pensamento deve ser parte integrante desse processo objetal. Deve tornar-se exponencial, marcar um salto, uma mutação, uma escalada em potência. O desafio não é mais pôr o sistema em contradição consigo próprio (é sabido que ele se regenera na espiral da crise), mas antes desestabilizá-lo por infiltração ou injeção de um pensamento viral, isto é, de um pensamento inumano, de um pensamento que se deixa pensar pelo Inumano.

No fundo, o pensamento, a consciência não são eles uma forma do Inumano, uma excrescência, uma disfunção luxuosa, que transgride toda a evolução ao voltar-se contra ela e ao emboscá-la segundo sua própria imagem? "A consciência humana deixou um peso na consciência do universo" (Jean Rostand). Já não constitui o desenvolvimento neuronal do cérebro um limite crítico ao olhar da evolução e da espécie? Então, por que não jogar o jogo até o fim, acelerar o processo e precipitar outros encadeamentos, outras formas — as de uma fatalidade objetiva de que nem sequer temos idéia?

Mas nessa perspectiva do pensamento como pólo de incerteza, a questão permanece: essa incerteza do pensamento é conseqüência da incerteza do mundo, ou é ela que faz o mundo oscilar na incerteza? (Este dilema não existe no pensamento clássico da verdade, onde tudo decerto não é verdadeiro, mas onde nada é indecidível.) Duas palavras sobre a incerteza. A incerteza física é a da relação de Heisenberg. Não se pode entender simultaneamente a posição e a rapidez de uma partícula. A incerteza está no fato de que não há, em nenhum código e em nenhuma fórmula, transcrição ou equivalente possível do estado global de uma partícula. Isso para a incerteza física. Da mesma forma para a incerteza "metafísica". Ela caracteriza toda realidade cuja troca é impossível, e que não tem equivalente em nenhuma outra linguagem. Assim não há equivalência do mundo em sua globalidade. É inclusive sua definição: o universo é aquilo de que não há equivalente em lugar nenhum — não há troca, não há duplo, não há representação, não há espelho. Qualquer espelho ainda faria parte do mundo. Logo, não há referência nem verificação possível — não há prova do mundo, nem portanto, exatamente, de realidade. Aí está a raiz profunda da incerteza, a forma insuperável da ilusão: o que quer que possa existir e verificar-se localmente, a incerteza do mundo em sua globalidade é inapelável.

Nessas condições, de que serve o pensamento, de que serve a teoria? Entre ela e o mundo, há o *Outro por si mesmo*: suspense definitivo, e reversibilidade definitiva do mundo e do pensamento — tendo sempre na memória os três teoremas fundamentais: 1º) O mundo nos foi dado como enigmático e ininteligível; e a tarefa do pensamento radical é torná-lo, se possível, ainda mais enigmático e ininteligível; 2º) Já que o mundo evolui em direção a um estado de coisas delirante, devemos adotar quanto a ele um ponto de vista delirante; 3º) O jogador nunca dever ser maior que o próprio jogo. Nem o teórico maior que a teoria — nem a teoria maior que o próprio mundo.

LEITURA SUGERIDA:

L'Homme-dé, de Luke Rhinehart (Paris, Editions de l'Olivier, 1995).

Du vide et de la création, de Michel Cassé (Paris, Odile Jacob, col. Opus, 1995).

La Fin des certitudes, de Ilya Prigogine (Paris, Odile Jacob, 1996).

O mundo dos possíveis segundo Popper

Seu trem chega às 12 horas e 32 minutos. Sua mulher volta para casa todas as noites por volta das 19 horas. Você diz que vai chover amanhã e afirma isso com convicção. São no entanto hipóteses bem audaciosas. Você procede por antecipação apoiando-se em conhecimentos ocasionais e portanto incertos. Para Karl Popper, essa incerteza – que poderíamos considerar o signo de nossa falibilidade – constitui também uma propriedade essencial de nosso mundo.

Nascido em Viena em 1902, Karl Popper subverteu os princípios da epistemologia clássica ao propor um novo método científico e uma nova teoria do conhecimento. "Até 1927, os físicos, com algumas exceções, estavam convencidos de que o universo era um formidável relógio, de excepcional precisão. Não havia nenhum lugar, num mundo assim, para autênticas decisões humanas. Nossos sentimentos profundos, de acordo com os quais agimos e fazemos projetos, eram apenas ilusões. Pouquíssimos filósofos ousavam pôr em questão essa concepção determinista. Com os trabalhos de Werner Heisenberg em mecânica quântica, torna-se claro que microprocessos tornavam o mecanismo da relojoaria impreciso: *indeterminações objetivas* existiam. A teoria física devia incorporar probabilidades."

Se, com efeito, não podemos prever de maneira absolutamente certa um acontecimento físico, é que o universo contém um leque de possibilidades. Entre todos os roteiros, alguns parecem mais prováveis que outros, como o fato de que neva na França em dezembro e não em junho. "Em vez de falarmos da *possibilidade de* que um acontecimento dado tenha lugar, podemos falar, mais precisamente, de uma *propensão* inerente à situação que engendra, ao se repetir a operação, uma certa média estatística." O termo "propensão" designa então uma certa tendência para que o acontecimento se realize. Cada possibilidade é afetada por uma propensão de um certo grau correspondente à freqüência do acontecimento numa situação dada e sobre uma duração relativamente longa. Se o mundo é um ninho de virtualidades em concorrência umas com as outras, a incerteza encontra-se alojada no âmago das coisas ou, mais exatamente, no âmago do tempo.

"Independentemente do fato de que não *conhecemos* o futuro, este está *objetivamente ainda não fixado*. Ele está *aberto, objetivamente aberto*. Só o passado está fixado; ele foi atualizado e por essa razão desapareceu. O presente pode ser descrito como o processo contínuo de atualização das propensões; ou ainda, de maneira mais metafórica, como o congelamento ou a cristalização das propensões. [...] Ao se congelarem, estas tornam-se passado, e portanto irreais. As propensões em devir são processos objetivos que nada têm a ver com nossa falta de informação."

Para Popper, o mundo não é uma "máquina causal": "Podemos agora considerá-lo como um universo de propensões, um processo de desdobramento das possibilidades em via de atualização, e de novas possibilidades."

Compilado por Nathalie Zamora

(Os textos de Karl Popper foram extraídos de *Un univers de propensions – Deux études sur la causalité et l'évolution*, Editions de l'Eclat, 1992.)

MORTE

Cessação completa e definitiva da vida considerada como um fenômeno inerente à condição humana, animal e vegetal; fim da vida humana e circunstâncias desse fim; cessação completa de atividade, destruição, extinção.

Existe vida antes da morte?

Jean-Toussaint Desanti

"Drive carefully, death is so permanent" ("Dirija com cuidado, a morte é tão permanente"). Esses cartazes podiam ser lidos em todos os cruzamentos de Paris no outono do ano de 1944, alerta destinado aos recrutas que iam para a frente de combate: "Lá para onde você vai, a morte vela. Não se apresse em morrer ou em matar de improviso, reserve-se para as boas mortes escolhidas e úteis." Bastaria no entanto mudar pouca coisa nesse aviso de circunstância para dar-lhe um alcance geral. "Cuide de sua vida, a morte é tão permanente", o que poderia ainda ser entendido de outro modo: "Cuide de sua morte, a vida é tão frágil." Com isso estaria designada a necessária coabitação da morte e da vida, e a exigência de cuidar dela para continuar a viver. Quem é esse hóspede que habita a vida e que os vivos chamaram "morte"? Sempre presente, jamais familiar, sempre recusado, jamais afastado. Estranha convivência que deve ser aceita sem que nela se possa comprazer, estranho habitante que só se pode acolher repelindo. É dessa estranheza que importa cuidar sem esquecê-la jamais. O casal vida-morte parece ser de tal natureza que não se pode esquecer uma sem esquecer a outra. Aprender a manter juntos esses parceiros inimigos, não é isso o que em nossa cultura chamamos "ética"? Com certeza. Religiões e filosofias lidaram e ainda lidam com esse casal, germe de que se nutrem suas mais ricas criações especulativas.

Que me perdoem entretanto por entregar tais especulações à sua sorte e por entregar-me a alguns devaneios. Uma lembrança primeiro, quase apagada mas cuja cena ainda creio rever. Era o ano de 1919, inverno, hora do crepúsculo. As velhas senhoras da família reuniam-se então. Estavam viúvas há muitos anos. Sentadas em círculo, silenciosas e concentradas, rosário às mãos, esperavam as badaladas do Ângelus. Mal soavam e, em uníssono, mãos juntas e olhos cerrados, anunciavam: "Mais um dia se passou. Mais perto de Vós, meu Deus." E de imediato recitavam alegremente o rosário, como se a hora da morte houvesse sido conjurada. No entanto, no espaço de uma badalada de sino, era de fato a morte que havia habitado com elas.

Só o mundo dos vivos é fonte de preocupação, de medo e de esperança. O que temos a temer da morte?

Hoje estou convencido de que aquelas avós não duvidavam daquela presença. Elas haviam transfigurado sua morte e, ao mesmo tempo, sua vida: a daquele corpo ameaçado e precário. Aquele corpo destinado à morte anunciava um outro: o corpo glorioso dos ressuscitados, um outro e no entanto o mesmo, mas eternamente vivo. Aquela esperança, porém, causava preocupações. Acontecia-me por vezes surpreendê-las juntas, agitadas e febris, a repetirem compulsivamente palavras que eu entendia mal: "Pecado, não pecado; não pecado, pecado." Em certos dias, viviam sua esperança no temor e no tremor. Não haviam lido Platão, ignoravam a morte de Sócrates e a encenação que aquele grande homem de teatro havia produzido no *Fédon*. Lá fora dito "O corpo é um túmulo" (*soma sema*) e a alma, esse princípio de vida, devia aprender a dele se libertar e a pensar a morte como o momento da libertação. E na hora do Ângelus, as pobres viúvas alquebradas a isso se aplicavam, fiéis à fé de sua infância.

Este século está agora findando, e eis-me mais velho do que o eram as avós daquele tempo. Há muito tempo não tenho mais esperança na imortalidade. Nos palmos de nossas medidas usuais, o tempo de vida que me resta é curto. E no entanto não conto nem as horas nem os dias. Não meço o tempo. Vivo-o simplesmente na plenitude de qualquer presente que se ofereça. Freqüentemente me pego sonhando em um outro sentido, de modo algum mágoa, que poderiam tomar estas palavras: *soma sema*. *Sema* não queria dizer túmulo mas, segundo seu sentido próprio, signo, marca ou sinal. Gostaria muito de entender *soma sema* como "corpo significante". E logo descubro que não tenho nenhuma necessidade de forçar-me a isso. Que meu corpo seja significante, isso ele próprio me ensina com sua mera presença. Desde sua vizinhança e em sua singularidade, ele significa minha relação com o mundo e com tudo o que se pode oferecer como não sendo eu: as coisas e os outros. Ele me aponta os caminhos capazes de me levar em direção a eles. Além disso, um corpo humano vivo dá sempre sinal para si mesmo assim que persevera em sua integridade, isto é, na medida em que

Não conto nem as horas nem os dias. Não meço o tempo. Vivo na plenitude de todo presente que se abre.

continua a manter-se vivo. Com freqüência ocorreu-me notar que os filósofos que distinguiram a alma do corpo sempre buscaram um modo de reuni-los num único e mesmo ser: o indivíduo vivo. Sempre considerei impensável que tivessem representado a morte (destruição do corpo) como o momento (temido ou esperado, depende) de sua separação. Da morte não há nada a temer nem a esperar. Apenas o mundo e os vivos podem ser fonte de inquietude, temor ou esperança, só deles importa cuidar.

Restam os mortos: os outros *mortos* tão numerosos e tão cotidianos. O século que está terminando viveu e vive ainda esmagado por massacres. Tanto que me coloco esta questão: como pensar em todos esses corpos mortos? São eles apenas *cadáveres* abandonados à destruição, fadados à fumaça e às cinzas? Por isso não consigo decidir-me. Todo corpo que foi vivo foi significante. Por mais modesta e fugidia que tenha sido sua relação com o mundo, ele abriu e constituiu um caminho, nele deixou rastro. Esse rastro sobrevive; está marcado embora apagado. Reavê-lo, fazê-lo reviver, é tarefa dos vivos. Estes só podem continuar a viver se despertarem os rastros dos corpos mortos. É a única forma de imortalidade que posso conceber; é por isso que não conto nem os dias nem as horas que me separam da morte. Neste mundo inscrevo meus passos.

LEITURA SUGERIDA:

La Mort, de Vladimir Jankélévitch (Paris, Flammarion, col. Champs, 1977).

La Mort sara, de Robert Jaulin (Paris, Pocket, col. Terre Humaine, 1992).

Ser e tempo, de Martin Heidegger, capítulo "O ser para a morte", §46 a 52 (Petrópolis, Vozes, 1989).

Sócrates e a cicuta

Deve-se temer a morte? Platão lembra-se no *Fédon* da grande lição de coragem que lhe deu seu mestre Sócrates, condenado à morte, isto é, a beber cicuta, por ter corrompido a juventude e recusado a crer nos deuses da cidade.

"Pensas que seja próprio de um filósofo preocupar-se com o que chamamos prazeres, no gênero, por exemplo, de comer e de beber? Nem um pouco, Sócrates!, diz Símias. – E os do amor? – De modo algum! – E aquilo que, por outro lado, consiste em cuidados relacionados ao corpo? – Minha opinião é que não têm nenhuma importância. – De maneira geral, tua opinião é que as preocupações de um homem assim não têm o corpo por objeto, mas que, ao contrário, dele se afastam na medida do possível, e se voltam para a alma? – É minha opinião.

"Mas diz-me, Símias, a multidão parece pensar que para um homem que não acha agradável nenhum desses prazeres e que deles não toma sua parte, não vale a pena que ele viva, e que não se está muito longe de morrer quando não se dá a mínima importância aos prazeres de que o corpo é instrumento... – Pois é, o que dizes aí é absolutamente verdadeiro! – E o que acontece então com a própria posse da inteligência? O corpo é ou não um entrave quando o temos como associado na busca? Será que a vista tanto quanto o ouvido trazem aos homens alguma verdade ou não ouvimos nem vemos nada exatamente? Quando é com o concurso do corpo que a alma empreende algum exame, ela é então, isso é claro, inteiramente iludida por ele. Por outro lado, a condição mais favorável para que ela raciocine bem, é, penso, que nada a perturbe com tudo isso, nem o que ela ouve nem o que ela vê, nem um sofrimento e menos ainda um prazer, mas que, no mais alto grau possível, ela acabe por ficar isolada em si mesma, mandando o corpo passear, e que, sem comércio com este, tampouco sem contato com ele, ela aspire ao real tanto quanto disso for capaz! – Exato!

"Mas o que chamamos 'morte' não é precisamente, entre alma e corpo, o fato de estarem desligados e afastados? – Sim, perfeitamente! – Não seria pois uma coisa risível que um homem que habituou a si mesmo, em sua existência, a viver nas condições que mais se aproximam do fato de estar morto se irritasse em seguida quando, para ele, esse fato mesmo acontece? – Uma coisa risível, como negá-lo? – É portanto, Símias, que aqueles que, no sentido correto do termo, cuidam de filosofia realmente exercitam-se em morrer e que não existem homens que tenham, menos do que eles, medo de estarem mortos."

Compilado por Nathalie Zamora

(Extraído do *Fédon* de Platão (S. Paulo, Nova Cultural, col. Os Pensadores, 1997.)

CRONOLOGIA

O Céu das Idéias

ESTOICISMO
Cleante m.232 a.C.
Epiteto 50-125 d.C.
Marco Aurélio
121-180 d.C.

MESTRE ECKHART
1260-1328

FILOSOFIA JUDAICA
Moisés Maimônides 1135-1204

FILOSOFIA ÁRABE
Avicena 980-1037
Averróis 1126-1198

RAIMUNDO LÚLIO
1232-1316

PITÁGORAS
séc.VI a.C.

ESCOLÁSTICA
João Escoto Erígena 810-877
Pedro Abelardo 1079-1142
Roger Bacon 1214-1292
Alberto Magno 1204-1280
Guilherme d'Okcham 1280-1348

PLOTINO
205-270 d.C.

PLATÃO
384-322 a.C.

PADRES DA IGREJA
Orígenes 185-253 d.C.
Pseudo-Dionísio, o Areopagita c.500 d.C.

PARMÊNIDES
séc.V a.C.

ARISTÓTELES
428-348 a.C.

SÓCRATES
470-399 a.C.

SÃO TOMÁS DE AQUINO
1225-1274

EMPÉDOCLES
séc.V a.C.

SOFÍSTICA
Protágoras
Górgias

SANTO AGOSTINHO
354-430 d.C.

HUMANISMO
Marsílio Ficino, 1433-99
Pico de la Mirandola 1463-94
Erasmo de Rotterdam 1469-1527
Thomas More 1478-1535
Jean Bodin 1530-96
Giordano Bruno 1548-1600

HERÁCLITO
séc.V-VI a.C.

EPICURISMO
Epicuro 341-270 a.C.
Lucrécio 98-55 a.C.

CINISMO
Diógenes 413-327 a.C.

ANAXÁGORAS
séc.V a.C.

MICHEL DE MONTAIGNE
1533-1592

CETICISMO
Pirro de Élida 365-275 a.C.
Sexto Empírico 200-250 d.C.

ANTIGÜIDADE | **IDADE MÉDIA** | **RENASCIMENTO**

René Descartes
1596-1650

Blaise Pascal
1623-1662

G.W. Leibniz
1646-1716

Baruch Espinosa
1632-1677

Empirismo
Thomas Hobbes 1588-1679
John Locke 1632-1704
George Berkeley 1685-1753
David Hume 1711-1776

J. Fichte
1762-1814

Voltaire
1694-1778

J.-J. Rousseau
1712-1778

Immanuel Kant
1724-1804

F. Hegel
1770-1831

F. Schelling
1775-1854

S. Kierkegaard
1813-1855

Schopenhauer
1788-1860

F. Nietzsche
1844-1900

Auguste Comte
1798-1857

Karl Marx
1818-1883

F. Engels
1820-1895

Emmanuel Levinas
1906-1995

Vladimir Jankélévitch
1903-1980

Ludwig Wittgenstein
1889-1951

Fenomenologia
Edmund Husserl 1859-1938
Merleau-Ponty 1908-1961

Henri Bergson
1859-1941

Gilles Deleuze
1925-1995

Martin Heidegger
1889-1976

Gaston Bachelard
1884-1962

Jean-Paul Sartre
1905-1980

Albert Camus
1913-1960

Michel Foucault
1926-1984

Filosofia Analítica
Gottlieb Frege 1848-1925
Bertrand Russell 1872-1970
Rudolf Carnap 1891-1970
Círculo de Viena

Sigmund Freud
1856-1939

Louis Althusser
1918-1990

SÉCULO XVII	SÉCULO XVIII	SÉCULO XIX	SÉCULO XX

APÊNDICE

A história tem um sentido?

André Burguière

O francês, ao contrário de outras línguas como o alemão, só tem uma palavra, *histoire*, para designar o passado, tal como foi vivido e percorrido pelo conjunto da humanidade, e o conhecimento desse passado. Essa pobreza de linguagem não é com certeza estranha à desconfiança dos historiadores franceses, pelo menos desde a metade do século XIX, em relação à filosofia da história. Uma desconfiança reforçada pelo surgimento da escola dos Annales e sua ambição de fundar uma história científica, isto é, de substituir a atribuição de um sentido geral ao percurso da humanidade pela explicação das formas concretas da mudança.

Essa desconfiança foi igualmente alimentada pelo clima de concorrência existente entre a filosofia e a história desde o final do século XIX no sistema escolar e, por conseguinte, na cultura francesa. Os republicanos militantes, no poder a partir da década de 1880, viram no ensino da história nacional o melhor fermento para despertar na massa da população francesa um consenso ideológico fundado sobre o casamento da nação com a república. Paralelamente, a filosofia — que de certo modo tomara o lugar ocupado pela retórica no currículo escolar do Antigo Regime — tornava-se uma disciplina dominante no terceiro ano do 2º Grau. Essa consagração no secundário reforçava a posição da filosofia na universidade, encarregada de formar os professores de colégios. Enquanto a história, investida de um magistério republicano, colonizava as outras disciplinas (o estudo da literatura, por exemplo, transformava-se em história literária), a filosofia pretendia controlar-lhes os fundamentos epistemológicos.

Enquanto na Alemanha, na Itália, nos Estados Unidos, a historiografia (isto é, a história da história) e a filosofia da história dispõem de cadeiras universitárias e de revistas especializadas, os historiadores franceses consideram a primeira um passatempo de fim de carreira e a segunda um palavreado esotérico sem interesse para a pesquisa. O livro de Raymond Aron *Introdução à filosofia da história* levou mais de trinta anos para interessar os historiadores. Quanto à batalha dos anos 60 contra o estruturalismo de Lévi-Strauss, acusado de "desesperar Billancourt", ela foi travada em nome da história por filósofos marxistas e sartrianos... mas sem os historiadores, indiferentes a essas ameaças teóricas que supostamente pesavam sobre a história.

A alergia dos historiadores à filosofia da história atenuou-se hoje em dia, como demonstra a atenção nova (e tardia) dispensada por eles à obra de um filósofo como Paul Ricœur. Mas pode-se perguntar se essa abertura para a filosofia atende à necessidade de apoiar o trabalho do historiador numa reflexão teórica ou no desmoronamento das convicções teóricas que inconscientemente guiavam a pesquisa histórica. Pois a idéia atribuída, talvez com certo exagero, aos historiadores positivistas de que a pesquisa histórica consiste em mergulhar nos arquivos sem *a priori* para reconstituir o passado tal como realmente aconteceu, deriva de uma grande ingenuidade. Cada historiador aborda seus documentos com um ponto de vista já estruturado não apenas sobre o período que o interessa, mas sobre o curso da história tomado globalmente. Como Monsieur Jourdain, cada historiador veicula em seu raciocínio, mesmo quando recusa admiti-lo, o esboço inconsciente de uma filosofia da história. Sua representação está intimamente ligada à sua visão do tempo, que ele não apreende como uma simples categoria objetiva da realidade mas como uma categoria existencial: a da dialética da vida e da morte. "As interpretações concretas do passado, escreve Raymond Aron, estão ligadas a vontades voltadas para o futuro." Todo o percurso seguido pela filosofia da história pode resumir-se nessa tensão do imaginário entre o passado e o futuro, e podemos reconstituir, seguindo essa dupla polarização, as concepções da história humana que se sucederam na cultura européia.

De Hesíodo a Platão e de Platão a Políbio circula uma mesma visão da história, em que a marcha da humanidade está calcada no movimento da natureza: as sociedades nascem, desabrocham e entram em decadência para morrer. Se há nessa história cíclica um movimento de deriva que proíbe um simples retorno ao idêntico, é uma deriva destruidora; após a idade de ouro, a idade de bronze. A história é um passado absoluto cujo modelo, a um só tempo obrigatório e inimitável, inspira aos homens uma incurável nostalgia das origens.

O triunfo do cristianismo e o caráter escatológico de seu projeto operam uma inversão filosófica que reorganiza todo o sentido da história, tanto aquele libertado pelo passado quanto aquele construído pelo presente, a partir do valor imperativo do futuro. A história é busca da salvação, espera ou expectativa pelo fim dos tempos. O espaço de experiência é abolido na força de injunção do horizonte de espera. O homem, reintroduzido como ator no âmago da construção da história, daí não mais sairá, ainda que sua liberdade se limite, por ora, a realizar com mais ou menos boa vontade as visões de Deus. É a concepção integralmente teológica e até um pouco teleológica que Bossuet expõe ainda no final do século XVII em seu *Discurso sobre a história universal*.

Essa concepção não sobreviverá ao cristianismo de Estado senão pelo duplo postulado de uma solidariedade de toda a humanidade na realização de sua história e de uma emancipação da humanidade através dessa história, cujo pensamento milenarista de um Joachim de Flore, ancestral longínquo das ideologias revolucionárias, encarna a versão extremista. O monge calabrês do século XII retoma o modelo cíclico da visão antiga, mas inverte-lhe o sentido para dar-lhe uma direção ascensional: após a idade do Pai (Antigo Testamento) e a idade do Filho (Novo Testamento) virá a idade do Espírito Santo. Mas como para os ciclos precedentes, é através de um desencadeamento do mal, contra o qual os homens deverão redobrar suas energias, que a parusia se anunciará.

O Renascimento não rompe com a visão cristã de uma história redentora voltada para o futuro, mas acrescenta um terceiro pólo à dupla polarização da memória e da espera: o presente ou, antes, a modernidade. Os homens não mais se vêem como "anões empoleirados nos ombros de gigantes", mas como demiurgos capazes de readquirirem forças na cultura antiga redescoberta, para inventarem os tempos novos.

Está aqui em germe, consubstancial à história, a idéia de progresso como dinâmica construtora. Ela desabrocha no século das Luzes, quando a secularização do pensamento retira a marcha da humanidade de todo controle e todo projeto divinos. Com Condorcet, que redige seu *Esboço de um quadro histórico dos progressos do espírito humano* — visão decididamente otimista do futuro da humanidade — no pior momento do Terror, escondido num sotão, proscrito e condenado à guilhotina pelo governo montanhês, a marcha do progresso torna-se irresistível e linear.

Mesmo aos olhos daqueles que ela acabou por esmagar, a Revolução apareceu como um momento de aceleração e de êxtase da história pelo qual a humanidade precipita sua realização. A idéia de uma aceleração do tempo introduz uma forma de descontinuidade no desenrolar da história — que pode conhecer avanços (durante as revoluções), recuos, sobrevivências, ou reações. Mas nada pode fazê-la se desviar da via do progresso, que aparece doravante co-extensiva à aventura humana. Se o pensamento do século XIX, com Augusto Comte na França, Hegel e Marx na Alemanha, foi tão intensamente obcecado pela idéia de progresso, conferindo um lugar tão amplo à filosofia da história a ponto de fazer da história o único fundamento da moral e da verdade, é porque, no mundo desencantado que se desvinculou do domínio da religião, a história, ou antes a idéia de progresso que a carrega nas asas da técnica e da ciência, tornou-se uma verdadeira religião.

Através da idéia de progresso, as filosofias da história do século XIX estão em concordância, em geral, com a ideologia da esquerda, liberal, reformista ou revolucionária. Uma concordância entre filosofia e política, ou antes entre teoria e práxis, que lhes permitiu sobreviver por bastante tempo (no caso do marxismo, por exemplo) ao declínio do culto do progresso. Mas sobre o simples modo da invectiva ou da justificação. Há pouco mais de dez anos, antes que caísse o muro de Berlim, era comum congratular-se por estar "no sentido da história" e relegar os adversários "às latas de lixo da história".

Na esteira do filósofo napolitano Vico, tão admirado por Michelet, e de Condorcet, Hegel concebe a marcha progressiva da história como uma autoprodução do espírito. Mas, como sua sensibilidade romântica o incita a não ignorar que ela é também rumor e furor, ele faz da dialética a alquimia permanente da história que transforma o conflito destruidor em parteiro da verdade. "A história do mundo, afirma, é o tribunal do mundo." O que significa que a justiça e a verdade são imanentes à história, que só deve satisfações a si própria. Enquanto esta afirmação for iluminada pelo otimismo das Luzes, ela é um ato-de-fé no futuro. Mas para o pensamento alemão da segunda metade do século XIX, ela tornou-se a alavanca de uma filosofia crítica, até mesmo relativista, a que chamaram historicismo.

Em sua versão epistemológica, por exemplo com Dilthey na Alemanha, Croce na Itália, Collingwood na Grã-Bretanha, o historicismo recusa a ambição de uma compreensão objetiva do passado. O saber histórico é apenas o resultado da projeção sobre os testemunhos do passado dos problemas e das categorias de raciocínio de nosso tempo; em suma, de nossa experiência do presente. É um ato de vontade, o de situar-nos na continuidade da condição humana, antes de ser um ato de conhecimento. Em sua versão política, o historicismo recusa a unicidade da história tal como a encarou o Iluminismo para justificar o percurso singular da nação alemã (seu *Senderweg*), que concretizou sua unidade política sem passar pela revolução liberal e democrática. A cada época, a cada nação, sua verdade; eis o postulado implícito de uma corrente que serviu de suporte filosófico ao pangermanismo.

Se a França permaneceu afastada da crise historicista que atingiu, na virada do século, grande parte da Europa, foi porque a ruptura revolucionária permitiu aos historiadores franceses fazerem a história nacional ingressar num esquema narrativo segundo o modelo de uma história universal. O sentido da história da França é a conquista progressiva da liberdade e o motor de sua dinâmica, a luta de classes oriunda da fratura inicial entre aristocracia franca e campesinato gaulês aliada à burguesia nascente das comunas. Karl Marx não se enganou sobre isso ao reconhecer ter aproveitado o conceito de luta de classes dos historiadores franceses, não só para repor Hegel "de pé", mas para identificar a marcha da história à emancipação do homem.

É por isso que os historiadores positivistas, em geral ardentes republicanos, puderam pretender limitar-se à reconstituição dos fatos enquanto declinavam, em sua versão tricolor, o evangelho emancipador do Iluminismo. O questionamento dessa quietude positivista pelos fundadores dos *Annales* podia parecer uma crítica "presentista" de inspiração historicista. "Só existe história do presente", repete Lucien Febvre, indicando assim que o historiador deve renunciar a reconstituir o passado para si mesmo, mas deve convocá-lo para esclarecer o mundo presente. O que protegeu a corrente dos Annales do relativismo historicista foi sua pretensão de fundar uma história científica. Essa pretensão podia apoiar-se a um só tempo na ciência social durkheimiana e no esquema explicativo de tipo sócio-econômico que dava, desde o início do século XIX, uma orientação universalista à história da França.

O questionamento, pelos historiadores, desse paradigma sócio-econômico que se observa nos dias de hoje até nas fileiras da corrente dos *Annales* poderia muito bem liberar na França, em contratempo, no momento em que profetas nipo-americanos nos anunciam o fim da história, um surto tardio de historicismo.

André Burguière, historiador, ensina na EHESS. Dirigiu, com Jacques Revel, *L'Histoire de la France* (4 volumes, Paris, Seuil, 1989-1993). É co-diretor da revista *Annales.*

Bibliografia
em ordem cronológica

Parmênides, Empédocles, Heráclito, Anaxágoras... *Os Pré-socráticos* (São Paulo, Nova Cultural, col. Os Pensadores, 1997). *Vidas e doutrinas dos filósofos ilustres*, de Diógenes Laércio (Brasília, Ed. UnB, 1988). *Trois Pré-socratiques (Heraclite, Parménide, Empédocle)*, de Yves Battistini (Paris, Gallimard, col. Tel, 1988). *Os pré-socráticos*, de Gérard Legrand (Rio de Janeiro, Jorge Zahar, 1991).

Sócrates *Sócrates* (São Paulo, Nova Cultural, col. Os Pensadores, 1997). *Un café pour Socrate*, de Marc Sautet, Paris, Lafont, 1995. *Sócrates em 90 minutos*, de Paul Strathern (Rio de Janeiro, Jorge Zahar, 1998).

Platão *O banquete*, em *Diálogos* (Rio de Janeiro, Ediouro). *Phèdre* (Flammarion, col. GF, 1989). *A República* (Lisboa, Gulbenkian, 1991). *Le Platonisme*, de Vincent Descombes (Paris, PUF, 1971). *L'Enseignement oral de Platon: une nouvelle interprétation du platonisme*, de Marie-Dominique Richard (Paris, Le Cerf, 1986). *Platão*, de Abel Jeannière (Rio de Janeiro, Jorge Zahar, 1995). *Platão em 90 minutos*, de Paul Strathern (Rio de Janeiro, Jorge Zahar, 1997).

Aristóteles *Ética a Nicômaco* (São Paulo, Nova Cultural, col. Os Pensadores, 1997). *Metafísica* (Porto Alegre, Globo, 1969). *Le Problème de l'être chez Aristote*, de Pierre Aubenque (Paris, PUF, col. Quadrige, 1991). *Aristóteles*, de Anne Cauquelin (Rio de Janeiro, Jorge Zahar, 1995). *Aristóteles em 90 minutos*, de Paul Strathern (Rio de Janeiro, Jorge Zahar, 1997).

Cinismo, epicurismo, estoicismo, ceticismo *O epicurismo e sua tradição antiga*, de Jean-François Duvernoy (Rio de Janeiro, Jorge Zahar, 1993). *Qu'est-ce que la philosophie antique?*, de Pierre Hadot (Paris, Gallimard, col. Folio Essais, 1995).

Plotino *Ennéades*, 7 vols. (Paris, Vrin, 1924-1963). *Plotin ou la simplicité du regard*, de Pierre Hadot (Paris, Institut d'Études Augustiniennes, 1989).

Santo Agostinho *Confissões* (Petrópolis, Vozes, 1988). *Introduction à l'étude de saint Augustin*, de Etienne Gilson (Paris, Vrin, 1982). *Santo Agostinho em 90 minutos*, de Paul Strathern (Rio de Janeiro, Jorge Zahar, 1999).

Idade Média *Introduction à l'étude de saint Thomas d'Aquin*, de Marie-Dominique Chenu (Paris, Vrin, 1976). *Penser au Moyen Age*, de Alain de Libéra (Paris, Seuil, 1991). *A filosofia medieval*, de Alain de Libéra (Rio de Janeiro, Jorge Zahar, 1990). *La philosophie au Moyen Âge, des origines patristiques à la fin du XVe siècle*, de Etienne Gilson (Paris, Payot, 1962). *Histoire de la philosophie islamique*, de Henri Corbin (Paris, Gallimard, col. Folio Essais, 1986). *Maimonide et la mistique juive*, de Moshe Idel (Paris, Cerf, 1991). *Dicionário da Idade Média*, Henry Loyn (org.) (Rio de Janeiro, Jorge Zahar, 1990).

Renascimento *Dicionário do Renascimento italiano,* de John Hale (org.) (Rio de Janeiro, Jorge Zahar, 1988). *Moyen Âge et Renaissance,* de Eugenio Garin (Paris, Gallimard, col. Tel, 1989). *La philosophie de la Renaissance,* de Ernst Bloch (Paris, Payot, 1974).

Michel de Montaigne *Ensaios* (2 vols., São Paulo, Nova Cultural, col. Os Pensadores, 1997). *Montaigne et son temps – Les événements et les essais* (Paris, Gallimard, col. Tel, 1993).

René Descartes *As paixões da alma* e *O discurso do método* (São Paulo, Nova Cultural, col. Os Pensadores, 1997). *Descartes,* de Pierre Guenancia (Rio de Janeiro, Jorge Zahar, 1991). *Descartes et le rationalisme,* de Geneviève Rodis-Lewis (Paris, PUF, col. Que sais-je?, 1989). *Dicionário Descartes,* de John Cottingham (Rio de Janeiro, Jorge Zahar, 1996). *Descartes em 90 minutos,* de Paul Strathern (Rio de Janeiro, Jorge Zahar, 1997).

Empirismo *Carta acerca da tolerância,* de John Locke (São Paulo, Nova Cultural, col. Os Pensadores, 1997). *Dicionário Locke,* de John Yolton (Rio de Janeiro, Jorge Zahar, 1996). *Locke em 90 minutos,* de Paul Strathern (Rio de Janeiro, Jorge Zahar, 1997). *Le Citoyen, ou les fondements de la politique,* de Thomas Hobbes (Paris, Flammarion, col. GF, 1982). *Reflexions sur les passions,* de David Hume (Paris, Le Livre de Poche, 1990). *Hume em 90 minutos,* de Paul Strathern (Rio de Janeiro, Jorge Zahar, 1997).

Gottfried Wilhelm Leibniz *La Monadologie* (Paris, Le Livre de Poche, 1991). *Novos ensaios sobre o entendimento humano* (São Paulo, Nova Cultural, col. Os Pensadores, 1997).

Blaise Pascal *Pensamentos* (São Paulo, Nova Cultural, col. Os Pensadores, 1997). *Les Provinciales* (Paris, Gallimard, col. Folio, 1987).

Jean-Jacques Rousseau *As Confissões* (Rio de Janeiro, Ediouro). *Os devaneios do caminhante solitário* (São Paulo, Hucitec). *Jean-Jacques Rousseau, a transparência e o obstáculo,* de Jean Starobinski (São Paulo, Companhia das Letras). *Dicionário Rousseau,* de N.J.H. Dent (Rio de Janeiro, Jorge Zahar, 1996).

Baruch Espinosa *Ética* (São Paulo, Nova Cultural, col. Os Pensadores, 1997).

Voltaire *Candide ou l'optimisme et autre contes* (Paris, Le Livre de Poche, 1970). *Traité de la tolerance* (Paris, Flammarion, col. GF, 1989).

Idealismo alemão *Fichte,* textos de Johann Gottlieb Fichte (São Paulo, Nova Cultural, col. Os Pensadores, 1997). *Obras escolhidas,* de Friedrich Wilhelm Schelling (São Paulo, Nova Cultural, col. Os Pensadores, 1997).

Georg Wilhelm Friedrich Hegel *Fenomenologia do espírito* (Petrópolis, Vozes, 1996). *Hegel em 90 minutos,* de Paul Strathern (Rio de Janeiro, Jorge Zahar, 1998). *Hegel,* de François Châtelet (Rio de Janeiro, Jorge Zahar, 1995). *Dicionário Hegel,* de Michael Inwood (Rio de Janeiro, Jorge Zahar, 1997).

Immanuel Kant *Crítica da razão pura* (Lisboa, Gulbenkian, 1989). *Kant et le problème de la métaphisique,* de Martin Heidegger (Paris, Gallimard, col. Tel, 1981). *Kant, uma revolução filosófica,* Michèle Crampe-Casnabet (Rio de Janeiro, Jorge Zahar, 1994). *Kant em 90 minutos,* de Paul Strathern (Rio de Janeiro, Jorge Zahar, 1998). *La philosophie critique de Kant,* de Gilles Deleuze (Paris, PUF, 1991).

Søren Kierkegaard *Traité du désespoir* (Paris, Gallimard, col. Folio Essais, 1990). *Miettes philosophiques* (Paris, Gallimard, col. Tel, 1990).

Arthur Schopenhauer *Le monde comme volonté et comme représentation* (Paris, PUF, col. Quadrige, 1992). *Schopenhauer*, de Marie-José Pernin (Rio de Janeiro, Jorge Zahar, 1995). *Schopenhauer em 90 minutos*, de Paul Strathern (Rio de Janeiro, Jorge Zahar, 1998).

Augusto Comte *Curso de filosofia positiva* (São Paulo, Nova Cultural, col. Os Pensadores, 1997).

Karl Marx *O capital* (3 vols., Rio de Janeiro, Civilização Brasileira, 1980). *A favor de Marx*, de Louis Althusser (Rio de Janeiro, Zahar).

Friedrich Nietzsche *Assim falou Zaratustra* (São Paulo, Nova Cultural, col. Os Pensadores, 1997). *Além do bem e do mal* (São Paulo, Companhia das Letras). *Zaratustra, tragédia nietzschiana*, de Roberto Machado (Rio de Janeiro, Jorge Zahar, 1997). *O "Zaratustra" de Nietzsche*, de Pierre Héber Suffrin (Rio de Janeiro, Jorge Zahar, 1991). *Nietzsche como pensador político*, de Keith Ansell-Pearson (Rio de Janeiro, Jorge Zahar, 1997). *Nietzsche em 90 minutos*, de Paul Strathern (Rio de Janeiro, Jorge Zahar, 1997).

Gaston Bachelard *L'Air et les songes – Essai sur l'imagination du mouvement* (Paris, José Corti, 1943, e Le Livre de Poche, 1992). *O novo espírito científico* (São Paulo, Nova Cultural, col. Os Pensadores, 1997).

Henri Bergson *Essai sur les données immédiates de la conscience* (Paris, PUF, "Quadrige", 1991). *A evolução criadora* (São Paulo, Nova Cultural, col. Os Pensadores, 1997).

Albert Camus *O mito de Sísifo – Ensaio sobre o absurdo* (Rio de Janeiro, Record). *O homem revoltado* (Rio de Janeiro, Record).

Gilles Deleuze *O que é a filosofia?* (com Félix Guattari, São Paulo, Ed. 34, 1995). *Deleuze, o clamor do ser*, de Alain Badiou (Rio de Janeiro, Jorge Zahar, 1997).

Michel Foucault *As palavras e as coisas* (São Paulo, Martins Fontes, 1995). *Vigiar e punir* (Petrópolis, Vozes, 1975). *História da loucura na idade clássica* (Paris, Gallimard, 1976). *Resumo dos cursos do Collège de France* (Rio de Janeiro, Jorge Zahar, 1997). *Michel Foucault e seus contemporâneos*, de Didier Éribon (Rio de Janeiro, Jorge Zahar, 1996).

Martin Heidegger *Ser e tempo* (Petrópolis, Vozes, 1989). *Chemins qui ne mènent nulle part* (Paris, Gallimard, col. Tel, 1986).

Edmund Husserl *La crise des sciences européennes et la phénoménologie transcendantale* (Paris, Gallimard, col. Tel, 1989).

Vladimir Jankélévitch *Le Je-ne-sais-quoi et le Presque-rien: la manière et l'occasion* (Paris, Seuil, col. Points, 1981). *L'Ironie* (Paris, Flammarion, col. Champs, 1979).

Emmanuel Levinas *Totalité et infini – Essais suir l'exteriorité* (Paris, Le Livre de Poche, 1990). *L'Humanisme de l'autre homme* (Paris, Le Livre de Poche, 1987).

Maurice Merleau-Ponty *Fenomenologia da percepção* (São Paulo, Martins Fontes).

Bertrand Russell *Histoire de mes idées philosophiques* (Paris, Gallimard, 1989).

Jean-Paul Sartre *O ser e o nada – Ensaio de ontologia fenomenológica* (Petrópolis, Vozes, 1997). *Questions de méthode* (Paris, Gallimard, col. Tel, 1986).

Ernst Cassirer *A filosofia do Iluminismo* (Campinas, Ed. Unicamp, 1992).

Ludwig Wittgenstein *Tractacus logico-philosophicus* (São Paulo, Edusp, 1993). *Le Cahier bleu et le Cahier brun – Études préliminaires aux Investigations philosophiques* (Paris, Gallimard, col. Tel, 1984). *Dicionário Wittgenstein,* de Hans-Johann Glock (Rio de Janeiro, Jorge Zahar, 1997). *Wittgenstein,* de Christiane Chauviré (Rio de Janeiro, Jorge Zahar, 1991). *Wittgenstein em 90 minutos,* de Paul Strathern (Rio de Janeiro, Jorge Zahar, 1997).

Obras introdutórias em português

Dicionário básico de filosofia, de Hilton Japiassú e Danilo Marcondes (Rio de Janeiro, Jorge Zahar, 3ª ed. rev. e ampl., 1996)
Dicionário Oxford de filosofia, de Simon Blackburn (Rio de Janeiro, Jorge Zahar, 1997)
O mundo de Sofia, de Jostein Gaarder (São Paulo, Companhia das Letras, 1995)
Iniciação à história da filosofia, de Danilo Marcondes (Rio de Janeiro, Jorge Zahar, 1998)
Curso de filosofia, Antonio Resende (org.) (Rio de Janeiro, Jorge Zahar, 8ª ed., 1998)
História da filosofia no século XX, Christian Delacampagne (Rio de Janeiro, Jorge Zahar, 1997)

Sobre os autores

Eliette ABÉCASSIS 29 anos, formada pela École Normale Supérieure de Paris e doutora em filosofia. Publicou dois romances: *Qumran* (Ramsay, 1996) e *L'Or et la cendre* (Ramsay, 1997), um *thriller* metafísico que investiga o problema do mal segundo a Shoah. Prepara uma tese de filosofia sobre o tema do mal.

Jean BAUDRILLARD 69 anos, transformou nossa visão da modernidade. Filósofo, tradutor de Brecht e sociólogo de formação, trabalha sobre os signos e as dificuldades crescentes de decifrar seu sentido nas sociedades contemporâneas. Engajado no debate público, destacam-se em sua obra *La Transparence du mal* (Paris, Galilée, 1990), *Le Crime parfait* (Paris, Galilée, 1995), *Écran total* (Paris, Galilée, 1997) e *Le Paroxiste indifférent* (Paris, Grasset, 1997).

Jean-Michel BESNIER 48 anos, professor de filosofia na Universidade de Compiègne e membro do Centre de Recherche en Epistémologie Appliquée (CREA/École Polytechnique). Trabalhou para as revistas *Esprit*, *Raison Présente* e *Hermès* (CNRS). Atualmente, apresenta o programa *Philambule* na TV France-Culture. Em sua obra destacam-se *Histoire de la philosophie moderne et contemporaine* (Paris, Grasset, 1993) e *Les Théories de la connaissance* (Paris, Flammarion, col. "Dominos", 1996). Dirige a coleção "Optique-Philosophie" nas edições Hatier.

André COMTE-SPONVILLE 46 anos, leciona na Sorbonne. Inspirado por Montaigne, Pascal, Descartes e Espinosa, obteve grande sucesso editorial com *Une éducation philosophique* (Paris, PUF, 1989), *Petit traité des grandes vertus* (Paris, PUF, 1996) e *Impromptus* (Paris, PUF, 1996). Dirige na editora Albin Michel a coleção "Carnets de Philosophie", cujos dois primeiros títulos já foram publicados: *Pensées sur la politique* e *Pensées sur la morale* (1998).

Jean DANIEL Diretor do *Nouvel Observateur*, publicou em especial *La Blessure* (Paris, Le Livre de Poche, 1995). *L'Ami anglais* (Paris, Gallimard, col. "Folio", 1995), *Voyage au bout de la nation* (Paris, Arléa Poche, 1997). Mais recente obra publicada: *Dieu est-il fanatique?* (Paris, Arléa Poche, 1997).

Jean-Toussaint DESANTI 84 anos, influenciou várias gerações de pensadores. Especialista em filosofia da ciência, notadamente em epistemologia matemática, percorre o que chama de *arrière-monde* das ciências. Formado na escola da fenomenologia husserliana, estudou também os fenômenos sociais e a moral. Autor raro, que ensinou mais do que escreveu, tem publicados *Un destin philosophique*, *Introduction à la phénoménologie* e *Réflexions sur le temps* (Paris, Le Livre de Poche, 1984, 1994 e 1997).

Christian JAMBET 49 anos, filósofo. Considerado *nouveau philosophe* por ter publicado com Guy Lardeau *L'Ange, ontologie de la révolution* (Paris, Grasset, 1976), depois dirigiu suas pesquisas para as religiões do Livro, sobretudo o islã. A fim de prosseguir seus trabalhos, aprendeu árabe e persa. Publicou *La Logique des Orientaux, Henri Corbin et la science des formes* (Paris, Seuil, 1983) e *La Grande Résurrection d'Alamût* (Paris, Verdier, 1990). Traduziu e editou também *La Convocation d'Alamût*, de Tûsi (Paris, Verdier/Unesco, 1996), e *La Ballade de la geôle*, de Oscar Wilde (Paris, Verdier, 1994).

Jacques JULLIARD 65 anos, historiador e diretor de estudos na EHESS (École des Hautes Études en Sciences Sociales). É também subdiretor do *Nouvel Observateur*, onde assina uma crônica há dez anos. Publicou numerosos ensaios históricos e políticos, entre eles *La Faute à Rousseau* (Paris, Seuil, 1971) e *Ce fascisme qui vient* (Paris, Seuil, 1994), bem como várias obras sobre sindicalismo revolucionário. Livros mais recentes: *La Faute aux élites* (Paris, Gallimard, 1997) e *L'Année des fantômes — Journal 1997* (Paris, Grasset, 1998).

Dominique LECOURT 54 anos, professor de filosofia na Universidade Paris-VII. Membro fundador do Collège International de Philosophie, criador da Fondation Diderot, aluno de Bachelard e Althusser, trabalha numa crítica da epistemologia e sobre as relações da ciência com a política e a religião. Publicou entre outros, *A quoi sert la philosophie?* (Paris, PUF, 1993), *L'Avenir du progrès* (Textuel, 1997), *Déclarer la philosophie* (Paris, PUF, 1997). Coordena o *Dictionnaire d'histoire et de philosophie des sciences* (Paris, PUF).

Jean-Luc MARION 52 anos, professor na Universidade Paris-Sorbonne. Suas pesquisas concentram-se por um lado na transcendência, à luz de Heidegger e de Levinas; por outro, na história da filosofia. Em sua obra destacam-se *Dieu sans l'être* (Paris, Fayart, 1982), *Sur le prisme métaphysique de Descartes* (Paris, PUF, 1986), *Réduction et donation — Recherches sur Husserl, Heidegger et la phénoménologie* (Paris, PUF, 1989) e *Étant donné — Essai d'une phénoménologie de la donation* (Paris, PUF, 1998).

Laurent MAYET 34 anos, redator-chefe dos números especiais de *Sciences et Avenir*. Professor de filosofia na Universidade Paris-I, está concluindo atualmente uma tese em epistemologia.

Michel MEYER Ensina filosofia na Universidade de Bruxelas. É diretor da *Revue Internationale de Philosophie* e da coleção "L'Interrogation Philosophique" nas edições Presses Universitaires de France (PUF). Seu nome está associado a uma nova filosofia, a "problematologia", centrada no questionamento do questionamento. É autor de várias obras sobre as paixões, o questionamento e a retórica, dentre as quais *Logique, langage et argumentation* (Paris, Hachette, 1982), *De l'insolence* (Paris, Grasset, 1995) e *Qu'est-ce que la philosophie?* (Paris, Le Livre de Poche, col. Biblio-Essais, 1997).

Robert MISRAHI 72 anos, professor aposentado da Universidade Paris-I. Começou em 1945 uma longa colaboração na revista *Temps Modernes*, fundada por Jean-Paul Sartre. Publicou cerca de vinte ensaios sobre Espinosa, bem como sobre a felicidade e a ética. Livros mais recentes: *La Jouissance d'être* (Encre Marine, 1997), *Qu'est-ce que l'éthique?* (Paris, Armand Colin, 1998) e *Les Actes de la joie* (Paris, PUF, 2ª ed., 1998).

Edgar Morin 77 anos, sociólogo e escritor, atualmente presidente da Agência Européia para a Cultura — Unesco. Ex-resistente, filósofo, sociólogo, pesquisador depois diretor (1973-1993) do Centro de Estudos Transdisciplinares da EHESS, encontra-se na confluência de todas as ciências humanas. Entre as numerosas obras que publicou, destacam-se *Sociologie* (Paris, Seuil, col. "Points", 1994), *La Méthode* (4 vols., Paris, Seuil, col. "Points Essais", 1977-95) e *Science avec conscience* (Paris, Seuil, 1990). Livro mais recente: *Amour, poésie, sagesse* (Paris, Seuil, 1997).

Serge Moscovici 70 anos, orientador de teses na EHESS. Psicossociólogo de renome, é um dos pioneiros da história das representações sociais e da ecologia política na França. Participou da criação do departamento de etnologia da Universidade Paris-VII. Entre seus livros, sobressaem *Essai sur l'histoire humaine de la nature* (Paris, Flammarion, col. "Champs", 1977), *La Société contre nature* (Paris, Seuil, col. "Points", 1994) e sua autobiografia *Chronique des années égarées* (Paris, Stock, 1997).

Ruwen Ogien Diretor de pesquisas no CNRS. A tese que preparou sob a direção de Jacques Bouveresse, *La Faiblesse de la volonté*, foi publicada pela PUF em 1993. Seu trabalho está centrado na filosofia analítica, principalmente nos domínios da moral, da ação e das ciências sociais. Publicou *Un portrait logique et moral de la haine"* (L'Éclat, 1993), *Les Causes et les raisons* (J. Chambon, 1995) e prepara uma obra sobre o realismo moral, a ser publicada pela PUF.

Michel Onfray 39 anos, filósofo, ensaísta e colaborador da revista *L'Événement du Jeudi*. Ensina filosofia num liceu de Caen. Considerando-se herdeiro da escola dos cínicos, publicou notadamente *Cynismes* (Paris, Grasset, 1990), *La Sculpture de soi*, prêmio Médicis em 1993 (Grasset), *La Raison gourmande* (Grasset 1995) e *Le Désir d'être un volcan, journal hédoniste* (Paris, Grasset, col. "Figures", 1996).

Paul Ricœur Contemporâneo de grandes correntes tais como o existencialismo e o racionalismo, delas se distinguia ao trabalhar sobre a hermenêutica. Suas pesquisas sobre as questões de sentido e sua interpretação, assim como sobre a filosofia da história, encontraram receptividade primeiramente nos Estados Unidos, depois na Europa. Publicou, entre outros, *Les Conflits des interprétations* (Paris, Seuil, 1970), *La Méthaphore vivante* (Paris, Seuil, col. "Points", 1997), *Temps et récit* (Paris, Seuil, col. "Points", 1991); e recentemente: *Réflexion faite: autobiographie intellectuelle* (Paris, Esprit, 1995) e *Autrement* (Paris, PUF, 1997).

Chantal Thomas Ensaísta e escritora. Fez estudos de filosofia e é atualmente diretora de pesquisas no CNRS. Publicou, entre outras obras, *Sade* (Paris, Seuil, 1994), *La Vie réelle des petites filles* (Paris, Gallimard, 1995) e *Comment supporter sa liberté* (Paris, Payot, 1998).

Gianni Vattimo Filósofo, professor na Universidade de Turim. Após o estudo dos teóricos da escola de Frankfurt, em seguida de Nietzsche e de Heidegger, empreendeu uma crítica racional das tradições. De sua autoria encontram-se traduzidos em francês: *La Fin de la modernité* (Paris, Seuil, 1987), *La Religion* (com Jacques Derrida, Paris, Seuil, 1996), *Au-delà de l'interprétation: la signification de l'herméneutique pour la philosophie* (De Boeck, 1997) e *Espérer croire* (Paris, Seuil, 1998).

Este livro foi composto
pela Textos & Formas, em
Agaramond e Libre, e
impresso por Cromosete
Gráfica e Editora.